Untypical: How the World Isn't Built for Autistic People and What We Should All Do About it

世界は私たちのために作られていない

ピート・ワームビー 著
堀《ほり》越《こし》英《ひで》美《み》 訳

TOYOKAN BOOKS

娘のために
この本が、世界を娘にとってより良い場所にする一助となることを願って

はじめに

あなたが私と出会ったとしても、あなたは何一つ疑うことはないだろう。あなたの目が私の顔を精査する。あなたの耳が私の声を聞く。その時、警告音が鳴ることはない、危険信号が発せられることもない。安心したあなたは、私に普通に話しかけるだろう。対等な人間として。仲間として。あなたは、私を自分と同じような人間だと見なす。しばらくおしゃべりだってするかもしれない。天気やスポーツのような、なんてことのない世間話。それからあなたはいつものように自分の仕事にとりかかる。おそらく私のことなんて気にもとめずに。

あるいは。

あなたが私と出会ったなら、すぐに気づくだろう。あなたの脳はちょっとした違いにも敏感で、あらゆるしぐさを見逃さない。あなたの目から視線をそらしたときにわずかに泳ぐ目つき、質問への返答のほんの少しの遅れ、世間話が続くときのささやかな、ああ、本当にささやかなパニックの痕跡。もちろん、あなた自身もそれを感じているだろう。会話を続けることの疲労感、世間話にふさわしい話題かそうでないかの判定を下されることの恐ろしさ。アイコンタクトを偽装することさえ苦痛に感じる親密さ。あなたはずっと、こういう人生を生きてきた。私と同じく、あなたは取り繕うことができる。必要とあれば、「普通」を装うことができる。あなたはあらゆることを覆い隠すことができる。人と違っていること、受け入れてもらえないこと。人間関係を維持し、仕事を続けるために。けれどもそれは、つらいことである。とてもつらく、ひどく消耗する。そしてあなたはここで、もう一人のあなたと話している。

この文章を理解できない人もいるだろう。理解できる人間にとっては痛いほど刺さる話であり、見覚えのある恐ろしいこと、折り合いをつけることができたかもしれないこと、または今日まで苦しんできたことが詰まっている。

簡単に言ってしまえば、理解できるかどうかはすべて、ＡＳＤ（自閉スペクトラム症）であるか否かによって決まる。

訳注：アメリカ精神医学会（ＡＰＡ）の診断基準『DSM-5 精神疾患の診断・統計マニュアル』の発表以降、これまで自閉症、アスペルガー症候群、広汎性発達障害と呼ばれていたものが自閉スペクトラム症（ASD: Autism Spectrum Disorder）という診断名に統合されたことから、原文で autistic（自閉症者）、autism（自閉症）と表記されている箇所は基本的にＡＳＤ者、ＡＳＤとして訳出している。

興味深い事実がある。世界にＡＳＤ（自閉スペクトラム症）の人間が何人いるのか、まったくわかっていないのだ。かつては、およそ１００人に１人という疑わしい数字が採用されていた。多くの主要なＡＳＤ支援団体も、いまだにこの数字を使っている。このすてきにシンプルな「１％」という数字には、人を安心させる力がある。この数字はＡＳＤはごく少数しかいないという認識を、確実に定着させてきた。

しかし、それは間違いだ。最近の調査では、60人に１人から25人に１人まで、数字に大きな揺れがある。これは非常に大きなばらつきであり、実数をつかむ手がかりがないのは明らかだ。しかしひとつはっきりしていることがある。想像以上に多くのＡＳＤ者が、この地球でともに暮らしているということだ。

さらに、ＡＳＤの人口構成についてもよくわかっていない。かつては、ＡＳＤ者の大半は男性であるという考えが一般的だった。もっとはっきり言えば、男児だ。ＡＳＤは常に、小児期の障害とみなされてきたのだ。２０２０年代に入って急に、この仮定は完全な誤りで、ＡＳＤの女児・女性の数はＡＳＤの男児・男性と同じくらい多いことが明らかになりつつある。しかし、マイノリティに関するニュースはなかなか広まらない。

人種はどうだろう。ＡＳＤと聞いて人びとが真っ先に思い浮かべるのは、おもに白人だろう。黒人のＡＳＤ者は、いまだにまれで珍しい存在とみられている。ところが実際には、黒人人口に占めるＡＳＤ者の割合は、白人のそれとほぼ同じなのだ。地球上のすべての民族集団にも、同じことが言える。**どんな集団のなかにも、ＡＳＤ者はいる。**このことが含意することには、歴史的にみても現在においても驚くべきものがあるが、それについては後述しよう。

繰り返そう。ＡＳＤ者の世界人口は2億3千万人に達するとも言われており、本人が自覚しているかどうかはともかくとして、想像より多くの人がＡＳＤである可能性がある。

数字の話はこのへんにしておいて、ステレオタイプの話をしよう。誰もがＡＳＤが何であるかを知っていると思っている。なんたって、映画『レインマン』を見たり、小説『夜中に犬に起こった奇妙な事件』を読んだり、『ビッグバン★セオリー』（最強にブッ飛んだ楽しいドラマだ）のシェルドン・クーパーが大好きだったりするのだから。

世間の人は義務教育で多様性について学んでいるから、ＡＳＤという自分とは異なる人びとが存在していることは漠然と認識していて、こういった印象すべてをその認識のなかに押しこめる。だが、その理解はたいていい大雑把で不十分だ。少なくとも、私がネットや現実社会でＡＳＤでない人びとと話すときは、いつもそのような印象を受ける。

彼らはニューロダイバーシティ（神経多様性）についての自分の意見を、ためらうことなく、というよりもまったく考えていないかのように、自信たっぷりに話してくれる（脳や神経のありかたには人によって大きな違いがあるということを表現し、私たちを人間の一員にしてくれたニューロダイバーシティという言葉は、1990年代後半にジュディ・シンガー博士が生み出した造語である）。

「なんだかんだいってさ」と、彼らは微笑みながら言うだろう。「私たちはみんな自閉症のスペクトラムのどこかにいるんじゃない？」

問題は、ASDが強迫性障害（OCD）と同じく、使い古された泥まみれの道を通ってきたことだ（もちろん水たまりを避けたり、足音を4の倍数にまとめたりしながらだろうが）。人びとが知っているのは現実の当事者ではなく、世間に広まったASDに関する通説である。自分自身について話すときになにげなく使うほど、人々はその障害になじんでいる。障害は会話にもちだす自己診断レシピの材料のひとつにすぎない。強迫観念をひとふり、衝動をひとつまみ、障害を少々加えれば、ほんのりスパイシーな味わいに。「私ってペンはきれいにそろえなきゃ気が済まないし、本はアルファベット順に並べないとイヤなの。すっごいOCD！」OCDは神経学における、使われすぎたコリアンダーのようなものだ。

OCDがコリアンダーなら、ASDはよりスパイシーで目立つターメリックだ。こういう自意識過剰な人びとの言葉を信じるならば、私たちはみな、ＡＳＤというスパイスがピリリと効いている興味深い人間ということになるのだろう。

自分のなかにもＡＳＤ要素があるから自分も仲間だと認識している定型発達の人びとは、ＡＳＤについて好き勝手な意見を述べる。ＡＳＤとは何か。どういうしくみでそうなるのか。ＡＳＤだとどうなるのか。ＡＳＤ者はどう扱う必要があるのか。そしてこれらの意見は、たいてい完全に的外れだ。単に間違っているというだけでなく、有害で危険ですらある。

本書を執筆している間にも、不適応行動をしたＡＳＤ児に強烈な電気刺激装置を用いていたアメリカのある教育センターが、再びその装置の使用を是認された知らせが入ってきた*。こうした事態は、ＡＳＤ児の脳内で何が起きていて、どのように支援すればいいかについての認識が完全にズレていることから生じている。電気ショック療法は完全に非人道的で嫌悪感を抱かずにおれない。だがそれなら、ＡＳＤ者に対する最新の療法とはなんだろう。こういうことが、何年にもわたって行われ続けてきたのである。

こうした危険なほどに中途半端で不正確なＡＳＤ理解は、善意ではあるがお粗末な「啓発運

* Eric Garcia, 'The school that uses shock therapy on autistic students', https://www.independent.co.uk/voices/autism-shocktherapy-trump-biden-b1885595.html, 16 July 2021. Accessed 19 July 2021.

動」によって毎年助長されている。当事者ではない人びとによって運営される慈善団体が、ＡＳＤ当事者がいやがる言葉やイメージを使って、いたるところで啓発運動を行うからだ（よくあるのが、ジグソーパズルに例える言い回しだ。ＡＳＤ者には「欠けているピース」があって、十分なケアと注意を払えばピースが見つかるという考え方は、不愉快な障害差別的表現とみなされるようになりつつある）。

適切な理解に欠けているがゆえに、人びとはＡＳＤ者をうっかり無視し、軽く扱い、からかい、傷つける。実際のＡＳＤ者は、ショート動画やコメディドラマのありきたりな人物描写では要約できない人生を生き、脳の構造も人それぞれだ。現実を生きるＡＳＤ者の人生は、あらゆる複雑さや微妙な差異を無視され、私たちが「社会」と呼ぶ巨大で分厚く、少しかび臭いカーペットに覆い隠されている。

ＡＳＤが正しく受け入れられ、理解されるには、少なくとも10年は待つ必要がありそうだ。それまでは、おびただしい数の問題に取り巻かれ続けるだろう。ＡＳＤの児童や成人に対する医療および社会的ケアの欠如。埃をはらってとっとと捨て去るべきクモの巣の張った誤った通念。ＡＳＤに対する理解が古かったり混乱していたりする、たくさんの善意の人びと。

まだまだ道のりは長い。**しかし、あなたはここにいる。**あなたがこの本を手に取ってくれたのだから、きっと望みはあるのだ。もしかしたら、私たちはスタートを切ることができるかもしれない。

私は生まれた頃からずっとＡＳＤだった。ＡＳＤ者は皆そうだ。ＡＳＤはありふれた医療介入によって不可解な「発症」をしたり、「獲得」したりするものではない。私たちは生まれつきＡＳＤである。ＡＳＤ者として生まれ、ＡＳＤ者として生き、ＡＳＤ者として死ぬ。しかし、ここが重要な点なのだが、私は自分がＡＳＤだとずっと知っていたわけではない。実のところ私は、自分に関するこのきわめて重大な情報を、２０１７年の終わりまでまったく知らないままだったのだ。

それまで私は、自分はみんなと同じだという前提のもとに活動してきた。34年間、みんなと同じような定型発達者だと信じ、定型発達のやりかたを学んで育った。たとえそれがどうしようもなく困難なことであっても、定型発達者のように行動した。私は映画『ジャングル・ブック』で動物に育てられたモーグリのように、勝手の違う状況で育ち、恐ろしい危険を伴う世界で生き延びる方法を学んだ。しかしモーグリと違って、私には師匠もガイドも、ジャングルの掟を教えてくれるバルーもバギーラ〔それぞれ『ジャングル・ブック』に登場するクマと黒ヒョウの名〕

もいなかった。その代わりに私は、言葉遣いを学び、何十年もの間変わらぬ仮面をつけ続けながら、何から何まで一人で答えを見つけ出した。人付き合いのルールは、生まれたときから少しずつ、そしてとても苦労しながら理解していった。たとえばこんなルールだ。

ルール1 何かを直接要求してはならない。これは人付き合いのうえで絶対に超えてはならない一線である。何か欲しいものがある場合は、それが必要であることを暗示するか、とにかく遠回しに言わなくてはいけない。

ルール2 もし誰かに好意を抱いても、知り合いではないなら無視する。友達になりたての頃は無条件に優しくして、本格的に親友になったらひどい扱いをする。

ルール3 成人男性との友情を表現するには、19世紀の港湾労働者も赤面するような悪態と無礼な行動を使いこなす必要がある。

包み隠さず正直に言えば、どれも驚愕の新事実だった。こういうことへのとまどいは、定型発達者にも身に覚えのあることかもしれないが、ASD者にとってははるかにつらく、わかりにくく、克服するのが難しいものだったと思ってもらえるとありがたい。

私は徐々に、定型発達の世界のルールを理解していった。私にとってまったく意味不明のルールであっても、なんとかやっていける程度にはゲームをすることができた（ボードゲームの「クルード」をやるのと似たような感覚だ）。全体的に見れば、私は本当にうまいこと生き残れたと思う。いや、本当に。ひどく疲れたし、どこかで何かをとんでもなく間違えたとは思うが、人と違っているなんて誰にも推測されることなく切り抜けられた。少なくとも自分ではそう思っている。

だが、突然状況が変わりはじめた。昇進、我が子の誕生といった大きな転機が連続して訪れ、本来なら喜ばしいはずなのに、深い憂鬱に陥ってしまったのだ。おまけに不安も押し寄せてきた。私は必死にその原因を探ろうとした。検索した結果、心理学者がＡＳＤを判定するために使う自己記入式テストに出会った。スコアが32点以上なら、医師に相談することを考えたほうがよいというものだ。私は70点だった。その日のうちに、かかりつけの総合診療医（ＧＰ）にメールした。

そして私は自分の現実を知った。自分が広大なＡＳＤコミュニティの一員だとわかったのだ。そのコミュニティの人びとは、私と同じように世界を見て、同じように世界が特殊だと感じている。靴ひもを結ぶのに苦労したり、歯を磨き忘れたりする一方で、難しいテーマについて複雑な講義をすることができるというちぐはぐさを「わかる」とうなずける人たちだ。そして、世間に溶け込むことがいかに消耗するかを知っている人たちだ。

私は「定型とは異なる脳をもつ人《ニューロダイバージェント》」と「定型発達者《ニューロティピカル》」の両方の言葉をよく知っている者として、対話を仲介する役割を担うつもりだ。神経発達の面でまったく異なる二者の言葉を翻訳し、多数派が長い間見過ごしてきた少数派を理解する手助けをしようと思っている。

本書では、ＡＳＤに関する誤った通念、不完全なニセ情報、古臭いステレオタイプのすべてと、リアルなＡＳＤ者の生きた経験とを比較していく。ＡＳＤ者による実際の体験談は、まことしやかに広まっている通説よりもずっと複雑で、はるかに魅力的である。

私たちの脳は、定型発達者には異質に見える働きをしているので、私はときどきその食い違いにすっかり戸惑ってしまう。たとえば何かをやってもらおうとするとき、はっきり言わずに暗に相手に気づかせようとするのがデフォルトのテクニックになっているのは、どういうわけだろう。「最近どう？」とひっきりなしに聞いて、相手の答えをちゃんと聞かないのが友情を育むいちばんの方法だなんて、そんなことがなぜまかりとおるのか。たった一人で自分の考えを持ち続け、孤立することが、こともあろうに不幸の典型として広まっているのはなぜだろう。私から見れば、つまり少々苛立っているＡＳＤの人間から見れば、これらはすべて不合理としか言いようがない。そしてはたから見れば、きっと私の言動のほうが奇妙に見えることだろう。

ここまで読んだ人は、私がいささか怒っていることにお気づきかもしれない。これにはちゃんとした理由がある。ASDと診断されて以来、私はASDについてたくさん語り、さらにたくさん執筆してきた。何百人ものASD者と話し、そしてこれがいちばん重要なことなのだが、彼らの経験を聞いてきた。私の脳はだいたいスポンジのようにすべてを吸収する。難解で実用的ではない情報を取り込むことなくゲームをプレイすることはできないし、のんびり散歩に出ても、自分を取り巻くすべての細部を観察せずにはおれない。したがって私は、話してもらったことを膨大に吸収した。そして私は、そのことに胸を痛めている。

誤解で叱られたことへの不満、就職のチャンスを見送られたり、面接で「感じが悪い」と断られたりした失望感、診断と折り合いがつくまでずっと感じ続けてきたとてつもない混乱と孤独。私が吸収するのは、こういう重たい感情だ。ASD者は、他人の感情に強く共鳴してしまうことがよくある。その場を支配する感情を受け止めてしまい、どうしたらいいのかわからなくなってしまう。

悲しみ、怒り、恐怖、絶望。ASD者たちは苦しんでいる。長い間ずっと。私もその一人だ。そう、これが私が抱く怒りの源であり、本書執筆に駆り立てるエネルギーの源でもある。

本を書くのはどんな人にとっても簡単ではないが、ことＡＳＤ者にはたくさんの困難がある。この怒りがなければ、各章、各段落、各文章を完成させることはできなかっただろう。激しい怒りは、強いモチベーションを与えてくれる。

ここから続く文章は、この隠れたマイノリティはどういう存在なのか、もっと知りたいと思っている世の中すべての定型発達者のためのガイドである。私は、多くの人びとがもっと人の役に立ちたい、世界をもっと障害者に優しい世界にしたいと切望していることを知っている。ＡＳＤの診断の予約をするかどうかの瀬戸際に立っている人もいるだろう（予約待ちに耐えられるのであれば）。そういう人たちにも、この本が役に立つことを願っている。最後に、定型発達者がすごくややこしくておかしいほど非論理的だと感じているのは自分だけではないとわかってうれしいというＡＳＤ者もいるだろう。そんな人にも本書を勧めたい。

私は30年あまり、定型発達の世界や考え方をひそかに観察してきた。徹底的に正体を隠していたせいで、自分が観察していることにさえ気づかなかったくらいだ。その結果として、ＡＳＤの実態がどのようなものであるかについての考察とともに、ＡＳＤの仲間、友人、家族、子どもを取り巻く状況を改善できる実践的な方法をお伝えできるようになった。今日からできて、ＡＳＤ者の人たちを自分の中でしっかり位置づけられるように、見方をほんの数センチずらす方法だ。

簡単にできる、ASDに優しい社会のつくり方

手っ取り早く例を挙げると、ASD者はストレスを感じたときに反復的動作を行うが、社会がこの動きに対する見る目を変えてくれたら、どんなにいいだろう。私たちはこの反復的動作を「自己刺激行動（スティミング）」と呼んでおり、ストレスレベルを自己調節するのに役立っている。たとえば、ストレスを強く感じているASD者（ここでは手近な私を例にとろう）は、自分を落ち着かせるために腰を揺らしたり、足首をひねったりすることがある。つい数時間前も、電話を待っているときにやってストレスを解消した。問題は、予測できないような不規則な動きをすると、定型発達者から厳しい疑いの目で見られ、警戒の対象にさえなるということだ。

酔っぱらっているのか、はたまた暴力をふるう兆候なのか。とにかく避けるべきだと解釈されてしまう。結果的に、ごく自然に出てしまう行動に対して、すさまじいほどの羞恥心を感じているASD者は多い（なぜ反復的動作が私たちを落ち着かせるのか、そのメカニズムを理解するのが難しければ、自分が電話で緊張しているときにうろうろ歩き回る理由を自問してみてほしい）。

反復的動作を恥じなくてはいけないのは理不尽であり、世界から歓迎されていないというASD者の一般的な感覚に拍車をかける。ASD者は自分自身でいることが許されず、手厳しい多数派に避けられないように、常に定型発達のふりをしなければならない。

しかし、人は自分の期待を調整することができる。薄暗い屋内でサングラスをかけている人を見かけたら、その人は目が不自由なのではないかと思いこそすれ、ただのキザな奴だと思ったりはしない。それは社会全体に、目の不自由な人びとへの理解があるからだ。

では、同じことをASD者に当てはめてもいいのではないだろうか。公園のベンチに座ってゆらゆら揺れるとか、小さなおもちゃをいじるなどして、公共の場で自己刺激行動をとっている人がいても、恐れたり避けたりするのではなく、「ああ、たぶんASDなんだろうな」と思えばいいのだ。それが私の夢見る世界である。さらにいいのは、この本はまさにそのために書いているのだが、実践的かつ有益なやりかたで、そういう世の中になるために働きかけることだ。

私がASDと診断されて以来、ASDについて学んできたことのすべてが本書にはある。大きなASDコミュニティの一員として世界を理解してきた、一人のASD者の経験の総まとめといっていい。本書が読者にとって価値あるものであることを願う。

免責事項

私は一人の人間にすぎず、多様なＡＳＤ者全体の意見を代表することは不可能である。すべてのＡＳＤ者の代弁者にはなれないし、すべてのＡＳＤ者が私と同じ意見だとも思っていない。しかし、私は調査が得意で、良き聞き手であると自負している。ＡＳＤであるとはどういうことか、そしてＡＳＤ者の共通点について、長年にわたって多くの情報を集めてきた。それが本書の骨格をなしている。ほかの人を差し置いて偉そうだと責めないでもらえるとありがたい。これまで出版されたＡＳＤに関する本は本書だけではない。本書にあるのは私なりの物の見方であり、私の経験であり、私の意見である。

凡例

・原著の注は各ページの脚注、訳注は〔 〕でそれぞれ示した。
・本文中の肩書き、所属などは、全て原著刊行当時のものである。

目次

はじめに　2
簡単にできる、ＡＳＤに優しい社会のつくり方／免責事項

第1章　人間関係――このクモの巣のように複雑なもの……25
世間話のルール……26
困難な会話……38
仮面をつける……44
メルトダウン……54
電話恐怖症……63
ＡＳＤと医療……68

第2章 ASDと友人 …… 79
「ASD者には共感力がない」という神話 …… 80
ASD者は内向的か …… 88
ASD者の人付き合い …… 92
ASDの友人と仲良くするには …… 97
ASD者の恋愛 …… 103

第3章 靴ひも結び、その他の日々の困難 …… 111
「発達凸凹」であるということ …… 112
金銭管理の問題 …… 119
遂行機能障害 …… 124
ルーティンへのこだわり …… 129
無気力を克服する …… 133

第4章 趣味を超えて …… 145
「特別な興味」とはどれほど特別なのか …… 146
嵐をやり過ごす穏やかな港 …… 150
モノトロピズム（単一志向性） …… 159
バーンアウト（燃え尽き） …… 163

第5章 学校——最も過酷な環境 …… 175
私たち向けに設計されていない場所 …… 176
教室という危険な場所 …… 184
なぜ私たちは「挑戦的（challenging）」というレッテルを貼られるのか …… 196
大学へ行く …… 205

第6章 職場は危険がいっぱい——必要な調整について

第6章 職場は危険がいっぱい——必要な調整について …… 215
ASDでも働ける？ …… 216
職場の恐怖 …… 220
拒絶敏感不安症（RSD）の害 …… 229
指示、命令、ルールの曖昧さ …… 237
社内政治と上下関係 …… 244

第7章 休息ほどストレスのたまるものはない

第7章 休息ほどストレスのたまるものはない …… 253
リラックスの試み …… 254
自己刺激行動で落ち着かせる …… 264
事前に計画を立てる …… 270
飛行機、電車、自動車 …… 276

第8章 正しさを求めて …… 289
善と悪 …… 290
理不尽な世界 …… 292
偏見との戦い …… 298
定型の世界におけるアドボカシー …… 305
私たちのために作られた世界 …… 311

付録 315
謝辞 317
著者・訳者紹介 319

HOW THE WORLD ISN'T BUILT FOR AUTISTIC PEOPLE AND WHAT WE SHOULD ALL DO ABOUT IT

UN-TYPICAL

第1章 人間関係

このクモの巣のように複雑なもの

The Social Web

世間話のルール

「やあピート、週末はどうだった？」くるぞくるぞとわかっていても、毎度衝撃で顔をしかめてしまう。変わり者すぎると責められることなく、この場から抜け出して逃亡する方法はないものか。階段はすぐそこ。階段を駆け下り、警報が鳴る前に玄関を出て、学校の車道の途中まで行けるだろうと計算する。体調は悪いし、コーヒーが入ったでかいマグカップを持っているし、試験用紙の束を抱えているけれど、状況の厳しさを考慮してもどうにかいけそうだ。

もちろん私は社会のルールを熟知しており、そんな行動は「やりすぎ」であり、一緒に働いている人たちから「やばい人」というレッテルを貼られるであろうことは理解している。時刻は月曜日の朝7時45分。あと45分で授業が始まる。そろそろ認めなくてはいけない。月曜の朝に無邪気に聞かれる定番の質問に対する回答として、森に逃げ込むというのは実行可能な選択肢ではないことを。その代わりに、私は答えなければならない。

だがもちろん、正直に答えてはいけない。ああ、そんなことをしたら社会的な大失態だ。そう、実にひどい週末を過ごしたにもかかわらず、ふんわりとポジティブな返答をするのは、とても重要なことなのだ。その理由はいまだによくわかっていないが（私は39歳である）。同様に、ポジティブすぎる返答をしないのも重要である。リア充アピールだと思われてしまう。出勤したばかりで、カフェインも入っていない。適切な返答を考え、そのあとの質問に対応しなければならない。ここを間違えたせいで、過去に愉快ではない事態を招いたことがある。その結果、こういう不安（心臓がドキドキし、血圧が上がる）には悲しくなるほど慣れっこになってしまった。

ともあれ、今は月曜の朝である。この人は私に聞いているのだ。私はとんでもないしくじりをしないように答えなくてはいけない。私はこれまでの人生で、この質問に対する正しい返答は、単純にして無意味な「元気にしてたよ、ありがとう（Fine, thanks）」だと学んだ。それから一日を始めればいい。

これこそが「世間話」である。情報を伝達する意義はないが、社会的な意義はたっぷりある。そして世間話は、非常に価値があるものなのだ。少なくともすべてのルールを決めているように思われる定型発達の多数派にとっては。言語学者が「交感的コミュニケーション（phatic communication）」と名付けるこの会話の目的は、やりとりが発生するたびに潤滑油のように少しだけ社会的関係を円滑にしていくことである。意味のある話をしているように錯覚させながら、二人の間のつながりを、少しずつ静かに増やしていく。

私のようなＡＳＤ者にとって、それは完全なる悪夢である。

かつて新品のゲームに、ゲームを始めるのに必要な情報がすべて載っている分厚い説明書がついていた時代があった。私はゲームのスイッチを入れる前にその説明書を熟読し、何をすべきかを正確に把握していた。私からすると、ＡＳＤでない人たちは、生まれた瞬間に「人付き合い」というゲームのルールやガイド、ヒントやコツがぎっしり詰まった便利な説明書みたいなものを自動的に与えられているように見える。**一方で、私たちＡＳＤ者は何も与えられず、一切の援助もなしに「ルール」の全貌を把握するように放置される。**「人生」の完全な体験から締め出されたような感覚をほんのり味わい続けながら。

確かにＡＳＤ者はよく、非ＡＳＤ者が無意識のうちに習得しているであろう人付き合いのルールブックに触れることなく育ったように感じると口にする。そしてそれは、私が定期的に必要に迫られて持ち出す比喩である。定型発達の同世代の人たちを見ていると、私たちＡＳＤ者がマニュアルにしがみついて必死に守ろうとしているルールをすべて自然に、自動的に身につけていることに気づく。定型発達者にとって世間話は拍手と同じくらい簡単であるようだが、ASD者にとってそれはどういうわけか、一日に何度も私たちを阻む障壁になるのだ。

世間話になじんで久しい年代のASD者（たいていは就職している）は、他人を誤解したり、逆に誤解されたりする経験を何年もしてきたはずだ。これはASDの一般的な特徴であり、かなりの障害となりうる。理解されることは、飛行機の自動操縦に例えることができる。ASDでない多くの人にとって、会話は比較的たやすい。ルールブックを本能的に理解しているおかげで、会話はスムーズかつ穏やかに、まるで旅客機が自動操縦にゆだねられて安全に目的地へと向かうように、次から次へと進んでいく。ASD者にとってはまったく同じやりとりが、霧の中の（高層ビルが立ち並ぶ）大都市で、自動操縦装置もなく、訓練もほとんど受けずに飛行機を操縦するのに似たものになる。一つひとつの操作であっちこっち予測不可能な方向へと荒々しく転換し、あたかも――このことはいくら強調しても足りないのだが――常に大惨事寸前であるかのように感じられる。

一般的に受け入れられている会話のルールを、私は理解できなかった。少なくとも最初のうちはそうだった。少しずつルールを身につけていったが、その歩みは遅く、もどかしいものだった。典型的な会話には言語化されていない内容がたくさん込められており、それはボディランゲージや表情だけを指しているのではない。きわめて多くのコミュニケーションが完全に暗黙のうちに行われ、相手の言いたいことを理解するには、正確にそれを推測する必要がある。ＡＳＤ者が最大の問題を引き起こす可能性があるのは、この内容なのだ。英文学の学位を持っている人間がこれを言うのもバイアスがかかってるかもしれないが、ＡＳＤ者は言葉に込められた意味を推測できるし、その概念も理解していると主張しても差し支えないだろう。しかし、自然な会話のスピードと複雑さが問題を引き起こす。非ＡＳＤ者ならすぐにわかることでも、私たちは言外の意味が実際に込められているかどうかを処理するのに時間がかかる傾向があるからだ。

たとえば、私が気にかけている人が、会話の中に「寒い」という事実を織り交ぜたとしよう。窓が開いていること、外は雪が5センチ積もっていること、相手がTシャツを着ていることに気づいていたとしても、私がその含みに気づいて窓を閉めたり、セーターを差し出したりする可能性はきわめて低い。彼らの発言が、単なる事実の表明以上のものだとは思いもしないのだ。どのみち彼らが本当に私に何かしてほしいのであれば、そんな曖昧な言い方でほのめかすだけでなく、直接頼むはずだ。すべてが不確実性に満ちている。仮に私がその含みに気づいたとしても、「でも、相手がそんなつもりじゃなくて出過ぎたまねをしているように見えてしまったらどうしよう」としばらく自問自答してパニックに陥ってしまうかもしれない。その間に、おそらく相手は諦め、自分で窓を閉めるだろう。人間関係の大半は、少なくとも英語圏では、この腹立たしいほど曲がりくねったやっかいな情報伝達方法に依存している。

世間話はその一形態だと私は思う。漠然とした前置き、質問（「今日、暖かくない？」「月曜の朝って嫌だよね？」）は直接的なものではなく、事実に基づいた文字通りの返答を強硬に求めているものでもない。**ここで本当に求められているのは、同じように曖昧な（実際にはほとんど意味のない）返答であり、その返答で会話を終わらせるべきだと理解しなければならない。**私を含むＡＳＤ者の大多数は一般的にこの含みを見逃しがちなのだから、問題がどこにあるかはおわかりだろう。「今日、暖かくない？」と聞かれた私の自然な反応は、気温に応じてイエスかノーで答えることだ。これはＡＳＤ者が人を怒らせたがるクセを持っている変人だからではない。**私たちは実際にそういう意図で発せられた質問だと思って、返答する**のだ。しかし、正直に「いいえ、実際にはかなり寒いと思います」と答えたとしたら、私はたちまらケンカ腰で逆張りをする変わり者だとみなされるだろう。それもこれも、忌まわしい質問に正確に答えようとしたせいなのだ。

これが「罪のない嘘」を期待されている状況で、正直に答えた当然の結果として相手に惨めさや失望を味わわせてしまったのなら、まだいい。この例でいえば、相手がどれほど暖かいかを気にしている場合である。自分が反対意見を述べたときの反応からすると、相手は努力して室温を調整したことをとても誇りに思っていて、その誇りを保つために戦っているのかな、新しいワンピースをお世辞で褒めるときのように、褒めてあげるべきだったかな、と考えるかもしれない。しかし、明らかにそのようなケースはまれである。不快は実際の不満や感情によって引き起こされるのではなく、慣習に反することによって引き起こされるのだ。

　私の興味をとらえて離さないのは、大多数の人びとにとって、慣習がいかに重要であるかということだ。ＡＳＤ者である私は、慣れ親しんだものやルーティンの価値を確実に理解している。だが、台本化された定型的な返答の必要性はなかなか理解できない。世間話というのは「社会的コミュニケーション（social communication）」の「コミュニケーション」よりも「社会的」を重視するものであり、重要なのは内容ではなく、単純につながることなのだとは理解している。そこには沈黙への恐れすらあることもわかっている。しかしそこまでわかっていても、私が台本を崩した際の否定的な反応は不釣り合いに思える。人間関係や礼儀を手っ取り早く強化する手段である世間話のせいで、ＡＳＤ者の一日が台無しになりやすいという現実は、システム全体の重大な欠陥ではなかろうか。もっとも、ほとんどのＡＳＤ者は肩をすくめてこの不公平さを受け入れる。あまりにもありふれたことだからだ。

月曜の朝のシナリオに話を戻そう。コピー機の前に立っている私に、同僚が週末はどうだったかと尋ねてくる。何が求められているかは明らかだ。同僚はありったけの善意をもって、私が「元気にしてたよ、ありがとう（Fine, thanks)」に近い返事をすることを期待している。もし私がそう答えれば、やりとりは終わる。同僚は会話が上首尾に終わったと受け止めて満足し、私は不正直と不誠実を強いられたことに不満を残す。

こうしたやりとりでストレスや不満を感じるたびに考えて、わかったことがある。**いちばん傷つくのは不正直さだ**。「元気にしてたよ、ありがとう」と答えたことで、私は二度嘘をついたことになる。一つ目の嘘は「元気にしてたよ」である。私の週末は最悪で、月曜になってもそのせいでひどい気分であるからだ（だからたっぷりのコーヒーが必要）。二つ目の嘘は「ありがとう」だ。ここで感謝することは何もない。相手は自分の感情について私に嘘をつかせただけだ。なんにも言わないでいてくれるほうが、よほどありがたい。

ここまで読んで、私がすべてを深く考えすぎていると思いはじめている読者もいるだろう。ごもっとも。だが、それこそが問題なのだ。考えすぎはＡＳＤ者の常であり、診断基準に含まれていないのが不思議なくらいである。この章のここまでのページ数をちらりと見て、私がこのたった一つのやりとりに費やした文字数の多さを感じ取ってもらえれば、わずかな間に私の頭の中がどれほど激しく動き回っているか、視覚的なメタファーが得られるに違いない。

　こういうやりとりがまれだったらいいのだが、ひんぱんにある。私のこれまでの15年間がそうであったように、スタッフが大勢いる職場で働いていれば、この手の不満やストレスがたまるやりとりが日に何度も繰り返されることになる。世間話に苦労しているＡＳＤ者であれば、そのうち何らかの壁にぶつかり、とんでもないしくじりをしてしまうのは当然のことである。

＊

　このようなことがあると、私は夜も眠れなくなる。不快を飲み込んで台本通りに答えるのを忘れ、危険な道に入り込んでしまう。それどころか森に逃げ込んで、異常に背の高いリスとして新生活を始めようとしてしまったりするのだ。ストレスが多ければ多いほど（そしてすでにおわかりのとおり、ストレスは私の人生の大きな部分を占めている）、ルールのなんたるかを忘れ、恥をかく可能性が高まる。

　私の心に残っている例を一つ挙げよう。特別恥ずかしかったから覚えているのではない。やりとりの中でルールを守るのに「失敗」した私に、定型発達の人が思いがけずうまく対応してくれたからだ。

クリスマス休暇の前日のことだった。その日は学期最終日で、私は採点が必要な生徒の課題を詰め込んだバッグを持って校舎を出ようとしていた。すると、校長がドアのそばに立っている。世間話が避けられないと悟り、さえない気分になる。校長はあれこれ手短に話した後、ストレスの多い家庭生活に戻る子どもたちが心配だと語った。そういう子どもたちにとって、学校は安全と平穏を保てる場所だからだ。その時の私は新生児がいて寝不足で、家にいるのがとても大変な時期だった。私は思わずこう漏らした。

「まさにそれを私も感じているところです。仕事場のほうが安全で平穏だなあと思いますよ。教えることは実にストレスですがね。一方で家庭ときたら、実にきつい、容赦のない悪夢です」

驚くべきことに、私は個人情報を語りすぎたうえに、思いがけず自分の仕事の核心部分が深刻な問題を引き起こしていると打ち明けてしまった。しかもクリスマスの時期に、この時点では特に親密だったとも仲が良かったとも言えない校長に対してだ。校長の名誉のために言っておくと、私の上司はこの突然の不幸宣言を冷静に受け止め、それはとても大変だろうねと一言二言つぶやいて共感してくれた。私は自分の車に駆け込み、イグニッションを回す前に、ハンドルの前で短いながらも忘れられないパニック発作を起こした。

クリスマス休暇の間中、このやりとりの記憶につきまとわれた。かろうじてビールを何杯か飲んだ夕方にだけ、一時的に記憶が薄らいだぐらいだ。当時のやりとりを詳細に分析し、新年に校長がどういう対応に出るかを推測せずにはいられなかった。想像しうるあらゆる可能性を考え、それが現実になった場合にどう対処するかを解明しようとする。これは私にとっておなじみのプロセスだ。映画『アベンジャーズ／インフィニティ・ウォー』でドクター・ストレンジが一千万以上の未来を見て、アベンジャーズが勝利するタイムラインを探すように。

ここで重要なのは、「失敗した」コミュニケーションをここまで強迫的に過剰分析するのは、決して珍しいことでも1回限りでもないということだ。少なくとも私や、似たような話を共有できる膨大な数のASD者にとって、これはいつものことである。実際にこの例では、従業員と雇用主という関係の性質上、少なくとも心配に足る正当な理由がある。悲しいことに、当たり障りのない無意味なミスをしただけの世間話について、同じように極端な「考えすぎ」をしたことがある。名も知らぬ同僚に、休暇中にひどい食中毒になったことについて、選りすぐりのエピソードトークをかましてしまったときのことだ。なぜそんなことを？　街頭でばったり会った彼女に、休暇をどう過ごしたか聞かれたのだ。彼女は動揺しながら立ち去った。私も同じ状態になった。

このやりとりが悪しき事態に発展することなどありえないのは明白であり、当時だってそれは十分に理解していた。恥ずかしい思いをしたのは確かだ。見方を変えれば、コントみたいですらある。とはいえ、重大な問題を引き起こすようなことじゃない。にもかかわらず、私は何週間も、ひょっとしたら何カ月間も、自分の「失敗」にとことん執着していた（これは2008年頃のことで、診断を受ける何年も前のことだ）。このままでは何かしらひどいことになると確信していたせいだ。むろん、そんなことはなかったのだが。いまだに、ときどき心配になってしまう。

校長に関していえば、春学期が始まっても私がぶっちゃけすぎた影響は何もなかった。仕事の状況は悪化しはじめたが、ASDと診断されたことが主な原因で、このやりとりがそれに大きく影響したとは思っていない。ただひとつ気づいたのは、このことがあってから校長がとても親しみやすくなり、数年間大きな支えになってくれたことだ。校長は世間話の本質を判断できないASDの私に、最善の方法で応えてくれたのだと思いたい。大胆にも台本から外れてしまった私に引くことなく、言いたいことを文字通りに受け入れて理解してくれたのだ。このようなことができる人がもっと増えれば、ASD者ももっと楽に生きられるようになるかもしれない。

困難な会話

誰もがおしゃべりを愛しているように見える。みんなはよくおしゃべりをする。とても自由に、その危険性に気づくことなく。さして気遣いや心配をすることなく会話ができ、会話をささやかな気晴らしと思って生きていくのは、すばらしいことに違いない。悲しいかな、ほとんどのASD者にとって、他者との会話、特にASDではない人との会話は、落とし穴や危険がいっぱいだ。そのため、ASD者以外には想像もつかないような慢性的なトラウマに絶えず傷ついている。問題は、誰もが守らなければならないルールが皮肉にも「書かれていない」ことである（よくあることだが）。イギリスの不文憲法［規定や法律が文書化されていない憲法］がそうであるように、これは極端な曖昧さと前例への依存につながる。どちらも平均的なASD者がとりわけ苦手とするところだ。私たちは人と話すとき、危機的状況の連続になりがちだが、その背後では脳が潜在的な問題を考えてぐるぐる回転し、あらゆる面を分析している。

会話の多くがどのように機能しているかは、きわめて不明瞭だ。会話のキャッチボールがいい例である。すべての会話はあちこちに飛んでいくものであるという考えのもとに成り立っており、そのような転換がいつ起こるかは、ほとんどの人が暗黙のうちに理解しているようだ。しかし、私には理解できない。自分の順番がいつ回ってくるのか見当がつかないため、明確なとっかかりだとわかるくらい長く会話がとぎれるのを、黙ってじっと待っていることが多い。ある話題について、今こそ自分の意見を差しはさめるチャンスだと思ったときには、会話は遠くへ通り過ぎ、私は伝えられなかった意見を抱えてひとり取り残される。

なかには、意のままにおしゃべりに割り込むことが許されている人もいるように見える。誰にも無作法さへの嫌悪感をむきだしにされることなく、自分の好きな方向に大胆におしゃべりをそらしていく。私はこのやりかたを数回試してみたが、そのたびに私の傲慢さに驚いた人びとの怒りの顔に取り巻かれることになった。混乱した私は、発言を撤回しておとなしく謝った。割り込みを許される人たちには、どんな魔法のオーラがあるのだろうと思いながら。実際のところ、定型発達の会話における順序交代に明確な論理はない。それはただ起こるだけで、だいたいうまくいく。たまに行き違いが発生するくらいだが、私がいれば、その可能性は数十パーセント上昇する。このルールは私のＡＳＤ脳には組み込まれていないのだ。理由はともあれ、私が従っているルールは、絶望的なまでにほかの人たちのルールとは相容れない。まるで異なる言語を話しているようだ。

ＡＳＤ者の多くに共通する特性は、「特別な興味（special interests）」についての情報を共有したいという願望である。これらの興味がどのように機能し、どのような恩恵をもたらすかについては、本書の後半で詳しく述べる。今は特別な興味について、私たちは持っている知識と情熱をすべて共有せずにはいられないということを知っておくのが重要である。最高の利他主義者たちがそうであるように、私たちもしばしば必死になってこうしたことがらについて話す。なぜなら相手に十分な情報を与え、自分と同じくらい魅了されてほしいからだ。成人ＡＳＤ者の多くは、同じ魂の持ち主と共有したいという欲求が満たされることはないと痛感している。そのため、自分の興味について言及しないように自制している。私たちが好きなことに取り組むひたむきな熱意が、定型発達の聞き手と一致することはほぼない。定型発達者が同じくらいの強さで何かに興味を持つことがあるのだろうかと、ときどき考えてしまう。

問題なのは、私たちは夢中になって我を忘れてしまいがちであることだ。そして、たとえばスーパーマリオや編み物に対する自分の愛情レベルが、話している相手に共有されていないことをしばしば忘れてしまう。その結果として、『スーパーマリオブラザーズ３』が今でもシリーズ最高の作品である理由を多くの小ネタと統計データを交えながら熱く説明し、警戒されておびえられるのだ。少なくとも、完全に退屈されることは免れない。私たちは他人の感情を（そして実を言うと自分自身の感情も）識別するのに苦労することがある。だがＡＳＤ者のほとんどは、相手が退屈な表情をしていることに最終的に気づくだろう。たいていの場合、その表情は「うるさいから黙ってくれ」と言いたい気持ちとセットである。これはきつい。私たちは自分の興味の対象が大好きで、多くの場合、それが話す価値のある唯一の話題だと考えている。つまるところ、世間話よりはいいに決まっていると思っているのだ。そして、興味の対象について話すのはすごく楽しいというだけでなく、カタルシスを感じてストレス解消になる。

いつも感じるのは、定型発達の世界では一つのテーマに入れ込んでも「許される」度合について、恣意的な制限が設けられているのではないかということだ。そのラインを越えると、葬式で不適切なジョークを言うのに匹敵する社会的失態となる。だがそのラインは、何らかの現実的で重要な問題に基づいて決まっているわけではない。むしろ、こだわりの強さで人を選別するフィルターのようなものだろう。少なくとも英国では、そのようなこだわりの強さは欠点であり、大多数には受け入れがたいものであるかのように感じられる。人類学者のケイト・フォックスは、英国人の国民性を研究した著書『Watching the English』（未訳）の中で、このテーマについて非常に説得力のある主張をしている。深い知識をわかちあいたいというＡＳＤ

者の願望は、パフォーマンス的に無関心を装ったりしない他の国々では、もっと受け入れられているのだろうかと考えてしまう。もっとも、一つのテーマに入れ込むASD者にウンザリしている人たちの多くが、サッカーの解説者が試合の複雑さについて何時間も議論するのを喜んで見たり、テイラー・スウィフトの全シングルの歌詞や略歴を何時間もかけて暗記したりするのは皮肉なものだ。

私のようなASD者には、コミュニケーションにおける本当の問題は、定型発達とニューロダイバージェント［脳の発達やはたらきが定型発達とは異なる人］との間にひかれた一線がいかなる形であれ越えられたときに発生する傾向があるように思える。ASD者の間では、ASD仲間と会話するほうがずっと簡単だというコンセンサスがそれなりにあるようだ。ASD者同士なら、会話の断絶や破綻が起こりにくく、私たち流の「ルール」に対する理解が共有されている（あるいは少なくとも、さまざまな話し方に対する耐性がある）。ほかのASD者が特別な興味について熱心に語っているのを聞く能力も、はるかに高い。特別な興味が私たちにとっていかに重要であるかを考えると、これは価値ある特性である。対照的に、脳の違いの壁を越えようとすることは非常に困難であり、双方に不満をもたらす可能性が高い。このことはASD者側の問題として語られやすく、ある種の健常者至上主義として刷り込まれ、内面化してきた。だがそこで、自分を卑下するのはあまりに安易だ。失敗を繰り返しているのだから、変わらなくてはいけないのは自分たちだなどと思わなくていい（どうも私にはこの種の変化が可能だとは思えないし、可能だとしても確実に持続可能ではない）。

実際には、絡み合った糸のようにもつれた会話を進めていくのは双方の責任である。だいたい二人の人間がいなければ、もつれることもないのだから。だから定型発達の人たちにも、私たちと同じくらいの歩み寄りがあってしかるべきだと思う。ＡＳＤの研究者であるダミアン・ミルトン博士は、「二重共感の問題」についてきわめて説得力のある論文を記している（一読の価値がある）。その論文は、ＡＳＤ者は定型発達者の視点を理解するのが難しい場合があるが、定型発達者も同様にＡＳＤ者を理解するのが難しいという事実を研究したものだ。両者の違いは、ＡＳＤ者は自分の困難を強く意識し、違いを埋め合わせるために無理をしているのに対し、定型発達者は（僭越ながら）何も考えていないようにみえるということだ。

最良の解決策は、両者が中間地点まで歩み寄る、つまりＡＳＤ者が定型発達のおかしなルールや嗜好を理解しようとする努力に匹敵するだけの労力を、定型発達者も払うことだ。そうすれば、私たちが滑らかに会話できないときでも、少なくとも私たちのミスや不手際に気分を害することはなくなるかもしれない。どうか私たちが口をはさむすきをつくってほしいし、参加したいかどうか尋ねてほしい。うっかり会話に割り込んでも許してほしい。私たちがジェダイの歴史やさまざまな戦闘スタイルについて話しはじめた際、あなたの退屈そうなしかめっ面を強い興味のあらわれだと勘違いしたとしても、大目に見てほしい。

仮面をつける

西洋社会におけるアイコンタクトの風習は、少なくともＡＳＤ者である私の目には奇異に映る。アイコンタクトは一瞬のうちになされるきわめて曖昧なものであるにもかかわらず、非常に重んじられているようで、アイコンタクトは信頼に値するというのが一般的な経験則であるらしい。そのような奇妙な信念（嘘つきは目を合わせることができない、それが彼らの唯一の弱点だ、など）に疑問を呈するつもりは毛頭ない。だが、常にアイコンタクトができるわけではない正当な理由はたくさんあるということ、そのためアイコンタクトにそこまで高い価値を置くのは賢明ではないということだけは指摘しておきたい。だがそれも、社会通念の前では無力だ。実際のところ、良きにつけ悪しきにつけ、多くの定型発達者にとってアイコンタクトは非常に重要であるようだし、アイコンタクトに基づいて大きな決断を下すことも多い。これは私たちASD者にとって大問題である。

私たちにとってアイコンタクトは、かなり親密だと感じさせる繊細なものだ。じっと瞳と瞳を見つめ合うようなアイコンタクトは、目の前でおならをしても平気な相手としかしない。それはパートナー、夫、妻、子どもなど、最も親密で大切な人間関係に限られたふるまいである。私のいちばんの親友だって、私はアイコンタクトを避ける傾向があると言うだろう。

なぜこうなってしまうのか、説明するのは難しい。結局のところ、ASDのあらゆる側面を説明する公的なパンフレットは存在しない。ASD者自身が解明しないといけないし、私はこういったことのすべてを世間に説明しようとする、数多くのスポークスマンの一人にすぎない。しかし、考えられる理由はいくつかある。はっきりしているのは、単に私たちの脳神経がほかの人たちとはかなり異なっていることのあらわれだということだ。それは私たちが世間話に興味がなく、明快で曖昧さのない言葉を好むのと似ているかもしれない。これはコミュニケーションスタイルの違いなのだ。(私たちにとって)アイコンタクトは、ある種のボディランゲージとして見た場合、まったく異なる意味を持つ。定型発達者にとっては「私はあなたを信頼し、あなたの話に耳を傾けています」といった意味を持つアイコンタクトは、私たちにとっては「私はあなたを深く信頼し好意を抱いているので、むこう10年間あなたの瞳だけを見つめます」という表明になりうる。

アイコンタクトが苦手である理由が、感覚過敏と関連している可能性もある。大半のＡＳＤ者の感覚は、独特に調節されているようだ。ある種の触覚、光、音、においに触れるたびに強烈でぞっとするような感覚を覚えることもあれば、その反対にすべてに無感覚だったり、感覚が不思議に麻痺して静かに感じられたりすることもある。なかでも私たちが「感覚の過剰さ」について多くを語るのは、それが私たちの生活に強烈な悪影響を及ぼすことが多いからだ。誰かに触られるたびに痛みを感じたり、あらゆる光がまぶしく感じられたり、あらゆる音が身のすくむような大打撃に聞こえたりしたらどうだろう。ＡＳＤであるとは、そういうふうに感じることが多いということだ。ストレスレベルが高くなると、敏感さはさらに悪化するらしい。少なくとも私の場合はそうだ。ＡＳＤ者の多くは、望まないアイコンタクトが苦痛であると報告している。**その苦痛は、太陽を直視するのと同レベルで、しかも太陽のような温かさはない。**長時間のアイコンタクトを余儀なくされる人（たとえば学校環境における子どもたち）は、メルトダウン〔極度の過負荷やストレスに対する反応で、強いパニック症状になること〕を引き起こすほど不快になることがある。これは一般的にみられる感覚過負荷の症状と同じであり、私たちがアイコンタクトを避ける理由を説明するものだ。

いずれにせよ、アイコンタクトはASD者に強いるべきものではないのは明らかだ。とはいえ現状、私たちはまさしく日常的にアイコンタクトをしなければならないシステムの中で生きている。何のためにそれをするかといえば、アイコンタクトの大変さをわかってくれない周囲の人びとをなだめるためだ。ASD者はこの特性だけで、無作法でおどおどしていて信用ならないと、たびたびレッテルを貼られてしまう。だから私たちは、定型発達者と接する苦労を比較的ましなものにするには、アイコンタクトをしなければならないとすぐに学習する。**このエネルギーを消耗する、多数派のご機嫌をとるための苦しい演技を、私たちは「カモフラージュ（擬態）」、もっとよく使われる言葉でいえば「マスキング（仮面着用）」と呼ぶ。**

ASD者はほぼ全員、人生のある時期にマスキングを学ぶことになる。多くの場合、幼少期に自分の何かが明らかに「おかしい」と気づくことからマスキングは始まる。自分の社交スキルが役に立たないように思えたり、何が起こっているのか理解できずに途方に暮れることが多かったり、友人をつくるのも維持するのも不器用で、同級生よりうまくできなかったりする。好きなものへの深入り具合やその情熱の表現のしかたがほかの人には受け入れがたいものであること、感覚が敏感であることで、理解のない人たちをイライラさせてしまうことを知る。これらすべて、あるいは一部が原因で、私たちは不当な扱いを受けることがよくある。時にはいじめられ、たまに虐待を受けることさえある。このような生きるか死ぬか的な状況に追い込まれれば、適応する必要があることは明白だ。通常は独力で、人の手をほぼ借りることなく、仮面をつけることを学ぶ。

私たちは観察力豊かな脳がほかの人たちから察知したすべての情報に基づいて、ある種のペルソナを採用することを学ぶ。周囲のご機嫌をとり、いじめや危害を加えられないためだ。ASDの活動家や研究者（エイミー・ピアソン博士やキーラン・ローズなど）が明らかにしようとしているように、**これは何よりもまずトラウマ反応であり、ASD的ではない世界でASDとして生きることから生じがちな苦しみを避けようとした結果である。**「あなたが必要とする人間になりますから、私を傷つけないでください」と潜在意識に訴えかけながら、攻撃者に媚びへつらうようなものだ。独学であるわりに、その仮面は非常にうまくいくことが多い。それはASD者の多くが診断の網をすり抜け、障害の発覚がかなり遅くなってしまう主な原因のひとつである。ASD者は知らず知らずのうちに他人を「だます」のが上手になり、自分自身まで「だまして」しまうのだ。

私の場合もこうだった。幼少期を振り返ってみると、私がマスキングを始めたのは、5歳かそこらだったと思う（すべては無意識のうちにであって、特に仮面をつけようと決めたわけではない）。初めて学校に行き、ＡＳＤである私を不快に感じたであろう「ほかの子どもたち」と濃厚に接しなければならなかった頃である。私の仮面はまたたく間に作りあげられ、いつもできるだけ無難で目立たないように努めた。幼いなりに、それが自分の明らかな弱点を攻撃されないようにするいちばん簡単な方法だと考えたのだろう。そうして私は、文字通り「壁の花」のように背景に同化し、騒ぐことも、もっと悪い「騒ぎの対象」になることもしなかった。先生たちの中に、私の存在に気づいたり、覚えていてくれたりした人はいただろうか。非常に疑わしい。

そのように私の子ども時代は過ぎていった。ＡＳＤ者は、観察した（友人や好きなキャラクターなどの）人格の要素を、まるでレゴブロックを組み立てるように仮面の部品として使うことが多いという。確かにこれはわかる。私は、新しいジーンズを求める買い物客のようにいろいろな人格を試着しながら、コレクター的な慎重さで人格を研究していた（今もしているが、少なくとも今は自分が何をしているのか自覚している）。時が経つにつれて、私の仮面は自分自身から切り離され、私自身の人格と同じくらい複雑になっていった。この作られた仮面が、完全にごまかしや嘘であったとは言いたくない。計画的なものでも、混乱させるためのものでもなかったからだ。しかし、それは偽りの皮だった。演技ではあるが、台本はない。興味深いことに、定型発達者も仮面をかぶることがある。私たちはそれを「自信」と呼ぶ。たとえば内向的な人がパーティーで「平静を装う」のを見るのは、よくあることだ。**しかし、こういう人たちのマスキングは、たくさんある選択肢のうちのひとつである。**ＡＳＤ者のように、生きるか死ぬかの問題ではない。ＡＳＤ者のマスキングはパーティーに溶け込むためではなく、人間に溶け込むためにある。その行為は非常に高いリスクを伴うのだ。

　これこそが、マスキングがひどく疲れる理由である。人は一日中演技をするようにはできていない。アカデミー主演男優賞を3回受賞しているダニエル・デイ＝ルイスでさえ、何年も一つの役柄を維持するのに苦労しているのだ。彼だって午後まるまる演技していたら、ロケバスに引きこもってくつろぎたいと思うに違いない。社交の場や、より苦労の多い職場で仮面をつけていれば、エネルギーをとんでもなく奪われる。スマートフォンに電気ヒーターを取り付け、同じバッテリーから給電することを想像してみてほしい。その結果として、自宅から遠く離れたバスの中でバッテリーの残量が10％しかないとパニックに陥ることがどれほど多くなるか、想像してみてほしい。そうすれば、ずっとマスキングをしている感覚に少し近づくことができる。**今にも充電が切れそうなスマートフォン、それが私たちだ。**仕事で長い一日を過ごした後、靴やブラジャーを脱ぐ喜びについて冗談を飛ばす人がいるが、ＡＳＤの仮面にも同じことが言える。ドアを開け、ソファの背もたれに仮面を投げつけ、ソファに身を沈め、本当の自分になって自然な姿勢で休むのだ。

ＡＳＤの診断がついたとき、まだ私は教師として働いていた。教師を10年続けていた私はすぐに、自分の教え方は表情から声にいたるまで、洗練されたマスキングの一形態であることに気づいた。言ってみれば、仮面の上にかぶせたもう一つの仮面だ。私が子どもの頃から身につけていた仮面は、同僚とのおしゃべりや会議といった、普段の教師生活における社交を処理するためのものだった。14歳の生徒が30人いる教室で私がつけていた別の仮面は、より演技性が高く快活なもので、その結果としてすさまじく疲れるものだった。授業が終わって一人になると、私は椅子に倒れ込み、疲れ果ててみじめな気持ちになった。私はいつも、座って休息をとる必要があった。「職員室で仲間とおしゃべりする」休み方ではダメで、「目をつぶって動かずに座っている」休みでなければだめなのだ。

世界には数多くのＡＳＤの教師がいる。私は彼らを大いに尊敬している。マスキングと回復のサイクルを回し続けていくなんて維持不可能で、いずれはひどいことになる。それでも多くの教師が日々がんばり続けているのだ。新型コロナのパンデミックがなかったら、きっと私は今も教室にいて、完全に壊れた状態になっても、怖くて立ち去れなかっただろう。幸運なことに（この言葉は皮肉ではない）、２０２０年代初頭のホラーショーのおかげで、私は意に反して教職を辞さざるを得なくなった。今は辞めてよかったと思っている。

よくよく考えれば、マスキングは非常に疲れる行為だ。ＡＳＤ者の大半は、ありのままの自分を受け入れてくれない社会のせいで仮面を強いられているように感じている。だが、仮面は永遠につけ続けられるものではない。いずれは仮面を捨てるときが来る。そうなると、必然的に何が起こるのか？　その答えは、予測可能であると同時に気が滅入るものである。そもそもなぜ仮面をつけたのか、すぐに再認識させられるだろう。診断がつくのが遅かったＡＳＤ者の多くが報告する興味深い現象は、診断直後から家族や友人、とりわけ仕事仲間との関係が若干崩れはじめるということである。これはしばしば不可解で、明確な原因があるわけではないが、事の真相は、厳しい現実を突きつける。

私自身を含めよくあることなのだが、自分がＡＳＤだとわかると、気づかぬうちに少し気が緩んでしまう。自分が発達障害だとわかったことに、奇妙なカタルシスがあるのだ。こういう状況になったのには理由があったのだという啓示のようなものだ。その結果、私たちは久しぶりに息をつき、ＡＳＤの特性に少しだけ身をゆだね、仮面を外し、そして……そう、私たちは間髪を入れずにその代償を払うことになる。仮面を外した自分は、まったく歓迎されないことを即座に思い知らされるのだ。あわてて仮面をつけ直し、外れないよう釘をしっかり打ち付ける。それから悟る。自分のままでいる自由など、決して得られないのだと。

本書で詳述している概念の中で、ASD者にとっていちばんの問題を引き起こしている原因のひとつが、マスキングではないだろうか。これはあまりに深刻な皮肉で、その不条理さに私はうつろな苦笑いを禁じ得ないが、私にはそうとしか思えないのだ。問題は、マスキングに成功すると診断が遅れかねないことだ。さらにやっかいなことに、多くの人が医者にかかる前に行う必要のある予備的な自己診断さえ遅れてしまう。何年も何年も、たいていは危機的な事態が起きて原因を自分や医師が探らざるを得なくなるまで、その遅れは続くのだ。**マスキングという行為は潜在的に、自分の真の脳タイプを自分自身からも隠す性質を持つ**。そのため私たちは、何が本当の自分なのかわからなくなってしまう。

そして診断後、自分の頭の中で何が起こっているのかわかるようになってからも、私たちは一日を乗り切るために仮面をつけ、自分のニーズを大幅にごまかす。人生をすいすい進んでいるように見せかけるのが上手な私たちを、誰が助けてくれるだろう。逃れようのないジレンマだ。仮面をつけるのはそうせざるを得ないからなのに、その行為自体が自分を傷つけて、仮面を外すことができなくなってしまう。堂々巡りだ。

もしあなたが身の回りにいるＡＳＤ者の生活を楽にしてあげたいなら、仮面を取れるように少しずつ促してあげるのが重要である。しかしこれには、大きな但し書きがつく。それは、仮面の下にいる人格がどんなものであれ、対応してあげなくてはいけないということだ。ＡＳＤの友人や家族に対する自分の期待を相手に合わせて切り替え、仮面をつけたペルソナより、ありのままのあなたのほうが歓迎されるのだと伝えなくてはいけない。つらいのは、私たちはめったにこんな扱いを受けることはないということだ。友人にさえ受け入れてもらえない自分を恥じ、仮面の後ろに引っ込まなければならない。その繰り返しだ。

メルトダウン

ＡＳＤ者のニーズを満たすことがなぜ重要なのか、単なる思いやりや共感を超えた理由がある。ＡＳＤ者をあまりに長く、つらい状況に追い込むとひどいことになるからだ。ほかの人間と同じように、ＡＳＤ者にも閾値、つまり壊れるまでどれほどの苦痛に耐えられるかという上限がある。ここで強調しておきたいのは、これは何も珍しいことではないということだ。本書を読んでいる人は皆、事態が手に負えなくなったときに、何らかの感情を爆発させたことがあるだろう。ＡＳＤのメルトダウンを大局的にとらえるには、人間としての経験のこうした普遍性を踏まえることが欠かせない。

ＡＳＤのメルトダウンは、ＡＳＤでない多くの人にとって、ＡＳＤの悪名高い特徴のひとつである。メルトダウンが悪名高い理由はたっぷりある。第一に、メルトダウンはかなり目立つ。買い物に出かけているときにメルトダウンしているＡＳＤ者（特に混雑した土曜日だったら誰が非難できるだろう）に遭遇したら、気づかないわけにはいかない。

第二に、小説やテレビドラマにＡＳＤのキャラクターを登場させたい非ＡＳＤ者の作り手が、メルトダウンを描写したがることだ。メルトダウンはドラマ性があって、魅力的な特性なのだろう。それゆえＡＳＤがフィクションで表現される際、何らかの形でメルトダウンが（おそらく大いに目立つように）含まれる可能性が高くなる。

第三に、メルトダウンはＡＳＤでない親や介助者たちが注目するＡＳＤの特徴である。彼らはしばしば、ＡＳＤの子どもがひどいメルトダウンを起こしている動画をYouTubeにアップすることで、大変さへの理解を得ようとする。**これらの要因が合わさって、ＡＳＤ者のメルト**

ダウンを目撃することは絶対的な悪夢であり、ストレスと恐怖を絶えずもたらす源であるという強力な物語が、ＡＳＤ者以外の人びとによって構築される。

私のＡＳＤでない友人たちも、たぶんこう思っているのだろう。でも実際に、一回体験してみてほしいと思う。

私はこれまで、何度もメルトダウンを起こしてきた。人前でそうなった経験はすべて、理不尽ながら圧倒的な羞恥心とともに覚えている。長年、メルトダウンが何なのか、何が原因なのかわからなかった。私は、メルトダウンは単なるかんしゃくであり、自分は気性が荒いか、特別に幼稚なのだと思い込んでいた（自覚していない障害によって引き起こされた行動を説明しようとするとき、人は自分自身に対してどれほど残酷になれるか、驚くほどだ）。そしてこれは、ＡＳＤでない人にメルトダウンがどのように表現されうるかということでもある。医師や教師といった専門家から、かんしゃくを起こしたと責められたＡＳＤ者は、何百人、何千人といる。**しかし、実際に起きているのはまったく別のことなのだ。**

一般的に言えば、定型発達者が我慢の限界に達して感情の爆発を起こすと、周囲からたっぷり愛情を注がれ、サポートを受けられる。その人が限界まで追い詰められていると認識してもらえるのは、周囲の人びとの限界も似たようなものだからだ。自分ならそのレベルの虐待やトラウマには耐えられないとみんなわかっているので、当事者を優しくサポートしてあげられる。誰かが離婚、死別、転居、泥棒被害など、深刻なストレスに見舞われたとき、こうした光景は非常によくみられる。当事者には、山のような同情が寄せられる。しかしＡＳＤ者がまったく同じプロセスを経験した場合、愛も支援も受けられないことが多い。なぜこのようなダブルスタンダードがまかりとおるのだろうか。

その理由は、ＡＳＤではない傍観者が限界が異なるということを認識していないからである。たとえばレストランでＡＳＤ者がメルトダウンを起こしているのを見て、非ＡＳＤ者は環境や状況はその反応の正当な理由にはならないと結論を下す。自分は騒がしいレストランでも大丈夫なのに、一体どうしてあの人はパニックになっているのだろうと考えるのだ。そこにはＡＳＤ者に対する無理解がある。**ＡＳＤ者はこの世界を生きているだけで、とっくに生まれつき耐えられるストレス量の上限、つまり我慢の限界に近づいている**のだ。私たちは常に、限界ラインのギリギリのところで生きている。

一方、ＡＳＤでない人はたいていの場合、限界ラインのずっと下のほうで生きている。何か恐ろしいことが起きて突然限界を越えてしまうまで、限界ラインがあることさえほぼ意識することはない。限界ラインがすぐそこにある私たちは、ひんぱんにそのラインを越えてしまう。

思うにこれが、メルトダウンしているＡＳＤ者が同情やケアを得にくい原因だろう。状況からして、そこまでの反応をするほどではないと思われてしまうのだ。

　メルトダウンが起きそうだと感じたらどうするか。ＡＳＤ者はよく、安全で静かな場所に移動すると言う。そうすれば自分のペースで圧を減らせる、もしくは、誰にも邪魔されることなくひっそりメルトダウンを起こせる。それならあとで恥ずかしい思いをすることがない。ここにあるのは羞恥心である。私はいい年であり、診断がついたのが遅かったため、障害者差別的な価値観をたっぷり内面化してしまった。そのため、自分のメルトダウンを「大の大人のかんしゃく」などではないととらえるのに苦労している。これは私がこれまでの人生で見てきたメルトダウンの描かれ方、自分自身の扱われ方に起因するものである。**刷り込まれてきたすべてを捨て去るのは、とても難しい。**念のために申し添えると、私はほかの誰かのメルトダウンをかんしゃくとみなしたりはしない。その残酷な評価は、自分自身にだけ向けられる。羞恥心は、おそらく大きなメルトダウンの余波だろう。そのような状態を見られたことを恥じ、その場の勢いで言ったかもしれないこと、やったかもしれないことを恥じているのである。

　メルトダウンが起きそうになっても、食い止めることは可能だ。自分を落ち着かせることが認められ、メルトダウンの引き金となった刺激から解放されれば、本格的なメルトダウンの回避はそれなりにうまくいく。しかし回避できなければ、メルトダウンが始まってしまう。すべてのASD者に当てはまるわけではないが、私がこのとき最も強く感じていることがある（ASD者のメルトダウンは人それぞれなので、ここでは私自身がメルトダウンをどう感じるかを述べるにとどめる）。

私が感じていること、それは恐怖である。

最悪なのは、自分が制御不能になってしまうことだ。まるで、脳のごく一部だけがかろうじてはたらいているものの、無情にも隅っこに追いやられてしまったかのように感じられる。残りの脳が花火のように一斉に爆発している間、隅っこでさえずることしかできない。このとき私は適切に伝達する能力を失っている。多くのASD者とは異なり、メルトダウン中でもある程度は話せるが、言葉は混乱し、その口調は必ずいつもより攻撃的になる。私の筋肉は引きつり笑いをしているように硬直し、動かすことすら難しくなる。落ち着くのはさらに難しくなる。脳は昔のアナログテレビで見た砂嵐状態と表現するのが一番しっくりくる。それは苦しく、集中することは不可能だ。私の体のあらゆる部分が、「闘争」と「逃走」の間で激しく揺れ動き、両方を同時に試みればきっと最良の結果が得られるに違いないと感じている。

気がつくと、いつも床の上だ。毎回ではないにしろ、丸まって泣いていることもある。おそらく反復的動作（自己刺激）もしているだろう。通常より激しく、痛々しく無益なやりかたで。いくらかマシにしようとしているのだろうが、あまり効果があるようには感じられない。とにかく体が動いてしまうのだ。最悪の場合、自分の足を殴りつけたり、自分の腕を真っ赤になるまで引っ掻いたり、物に頭をぶつけることさえある。私はこれを、冷静に書いている。大勢の聴衆を前にスピーチをしたり、本を書いたり、生徒を教えたりするのが得意な人間が、こんなふうに苦しむはめに陥るとは、いかにも奇妙に聞こえるかもしれない。私を見た人は、こんなことが起きるなんて想像もつかないだろう。だがこれは事実だ。それがＡＳＤが隠れた障害といわれるゆえんである。

運がよければ、メルトダウンは30分以内に収束するだろう。だがその後遺症は、さらに長く続く。通常、メルトダウンの後は後遺症を1～2日引きずる。この期間はほぼ使い物にならない。そのような状態では、生産的なことは何もできないからだ。全体としてみれば、平均的なメルトダウンでは丸一日台無しになり、さらに2日間ダメージが残り、その場にいる人びと（含む自分自身）との関係を損ない、身体的に疲れ果て、場合によっては怪我につながることもある。

もう一つのメルトダウンは「シャットダウン」と呼ばれ、メルトダウン同様に広くみられる。シャットダウンは、メルトダウンより受動的で攻撃性が低い休止の形である。シャットダウンにおいては、ＡＳＤ者が耐えがたいストレスにさらされ続けた結果、しばらくの間緊張病（カタトニア）に近い状態になる。すべてのコミュニケーションが完全に失われるだけでなく、身動きがとれなくなり、考えることさえできなくなることもある。メルトダウンほど激しくなく、人に負担をかけることもないが、実のところシャットダウン自体が非常に恐ろしいものだ。私自身は数えるほどしか経験したことがないが、もう二度と経験したくない。

これはかなり重い話だ。それは理解している。本書を読んでいる多くの人が、他人がメルトダウンやシャットダウンを起こしているのを見たことがあり、それがどれほど恐ろしいものかを知っていることも理解している。私を含め、ＡＳＤ者は「ＡＳＤの人がメルトダウンに陥らないために、私たちは何をしてあげられるんでしょうか」と聞かれることが多い。私の答えはいつも同じだ。**ＡＳＤ者の意志を尊重してほしい。**私たちの大半はメルトダウンが「本降《ほんぶ》り」になりそうなとき、何をすべきかをわかっている。ストレスの原因からすぐに離れ、できるだけ刺激の少ない場所、つまりストレスレベルが徐々に下がって回復できるような静かな部屋に行く必要がある。とても簡単なことだが、驚くべきことにこれがなかなか難しい。ＡＳＤでない人たちは、メルトダウンの初期にあらわれたひどい行動を批判したり、罰したりすることに夢中で、刺激を避けることを許してくれないことが多いのだ（たとえば部屋を出るのはよくみられる行動だが、一見「無作法」であるため、人を怒らせてしまう。だがそれは、ストレスの増大を避けるために自然にとってしまう安全策でもある）。

ＡＳＤ者は、自分を襲うストレス要因から逃れようとして部屋から部屋へと追い回され、怒鳴られ、追い詰められることがあまりにも多い。このような状況では、メルトダウンは完全に回避不可能だ。そして「空気を読めない」人たちによって、積極的にけしかけられることさえある。**メルトダウンから回復するには、自主隔離が認められなくてはいけない**。もっとも、メルトダウン中のＡＳＤ児に関していえば、これはあまりうまくいかないかもしれない。なにしろ高速道路のサービスエリアのど真ん中で4歳児がメルトダウンを起こしているときに、子どもが一人で落ち着きを取り戻すのを、ただ手をこまねいて見守るわけにはいかないからだ。

子どもの場合は、（それがその子にとって良い方法だとわかっている場合は別だが）あまり手を出しすぎないほうがよいこともある。抱きしめて抑え込もうとするのは逆効果で、メルトダウンを悪化させる可能性がある。その代わり、1メートルほど距離を置き、叱ったりせず、穏やかな口調で「大丈夫だよ」と言い聞かせ、落ち着くまでそばで待ってあげるのがいい。何をすれば落ち着くのか、あらかじめ決めておくのもいい考えだ。これは一種の応急セットになる。

深呼吸や「指吹き」（娘が保育園で習ったすばらしい習慣で、誕生日のろうそくのように伸ばした指に1本ずつ息を吹きかけ、リラックスするまで続ける）を促したり、塗り絵をさせたり歌を歌わせたり、効果があることならなんでもいい。単に「息を吸って」「歌って」と言い聞かせるだけでもいいかもしれない。

もちろん、もともとのストレス要因を減らすのもいい。ストレスレベルを大きく上昇させているものを特定し、可能であれば、それをしなくていいようにしてあげるか、回避する方法を見つけてあげよう。この章の前半で述べたコミュニケーションに関する提言はすべて、その一例として見ることができる。思いつくままに例を挙げるなら、ASD者には耐えがたいことを無理強いしないこともそうだ。たとえば、電話をかけるとか。

電話恐怖症

私がいつも想像するのは、1870年代以前のASD者はおおむね幸せだったのではないかということだ。鳴り響く電話に出なくてもよく、一日中安心して過ごすことができるなんて、きっと穏やかでのんびりとした夢のような人生だったに違いない。そこにアレクサンダー・グラハム・ベルがふらりとやってきて、金切声をあげる押しつけがましい発明で、この平和な世界を打ち砕いた。私は独裁者以外のほとんどの歴史上の人物に悪意を持つことはないが、アレックスだけはゴミ箱に直行だ。

電話のおかげで世界は非常に良い方向に変わった、家族が離れていても連絡を取り合えるようになった、などと読者が反論しはじめる前に言っておこう。私の電話嫌いはかなり非合理的で、もっぱら電話を使うことに対する病的な恐怖に基づくものなので、この節がいちばん冷静さを欠いているかもしれない。なお、遠距離コミュニケーションにおいて、テキストが電話を凌駕しつつあることも指摘しておく必要があるだろう。ミレニアル世代やZ世代は、電話よりもWhatsAppでチャットすることを好む傾向が強いという。だから、鳴り響く電話を二度と取らなくていいと喜んでいるのはASD者だけではない。とはいえ、電話恐怖症がASD者に共通する特性であるのは確かである。その理由をなるべく詳細に説明していこう。

まず大切なのは、ASD者の多くにとって、電話は不安や恐れの原因にとどまらないと認識することだ。電話恐怖の根っこはもっと深いところにある。ASDは障害なのだ。このことははっきりさせておかなくてはいけない。ASD者の中には、障害ではないと言いたい人もいるだろうし、そのような人たちに対して文句があるわけではない。しかし現実には、この世界、社会の仕組みの中で、ＡＳＤであるということは、さまざまな点でかなりの障害になる。これがＡＳＤに内在するものなのか、それともＡＳＤ者のために設計されていない世界（障害の「社会モデル」）にいることの結果なのかは、大いに議論の余地のあるところだ。私はどちらの側にも強力なエビデンスがあると見ている。いずれにせよ、ＡＳＤは障害である。

身体能力の面で電話が使えないことも、この障害の一部である。電話での会話は速いテンポで行われるため、表情のような補助的な情報がないこともあいまって、思い通りのやりとりをすることが実に難しくなる。ＡＳＤ者は脳のつくりの関係上、返答を練ることや情報の取り込みに時間を要することが多いが、電話ではそんな余裕はない。電話中に1秒でも余計に考え込めば、わずかに続いた沈黙で相手を当惑させてしまう。相手が苛立ちや戸惑いをあらわにしているのが感じられるだろう。電話はラジオの娯楽番組のようなもので、無音は放送事故なのである。そのため、私たちはできるだけ早く返事をするよう追い立てられ、ミスを犯したり、同意すべきでないことに同意したりしてしまう。電話をかけるたびに、ことによるとその後１日は、自分がうっかりやらかした大失敗の反省会に費やされることになるのだ。

障害が問題になるのはこれだけではない。本書でも今後たびたび登場するが、聴覚過敏はＡ

SD者の生活につきものである。私には、聴覚が私をやっつけようと躍起になっているように感じられる。聴覚が敏感すぎて、集中しようとしていることから注意が引きずり出されてしまうのだ。読書をしているときに家のどこかでテレビがついていると、私の耳は聞こえてくるすべての言葉をせっせと取り込み、この無駄な情報を「大至急」と書かれた封筒に入れて脳に送信する。読んでいる本が何であれ、注意をそらすものには勝てない。電話では、私が集中して聞きたい相手の声が「シー」「ピッ」「ポン」という雑音や電子通信のわずかな残響で中断され、覆われてしまう。こういうカオスな音が常時鳴っていると、言われたことをちゃんと処理できなくなる。これは「恐怖症（フォビア）」でも「不安症」でもない。障害の症状であり、理解と配慮が必要不可欠だ。もし自身を障害者として認識できるようになれば、このことがどれだけ自分の問題に直結するかがわかる。私は単なる「電話恐怖症」を患っているのではない。テクノロジーを十分に活用することができない、本物の障害者なのだ。

なお、電話についてはもっと語るべきことがある。電話をかけることについて聞いてみると、ASD者の多くが非常に押しつけがましく感じると答える。ツイッター（現X）で質問したところ、ヘイゼル（@anlasair）というアカウントからこんな返信をもらった。「自分の都合を人に押し付ける失礼な人間になったような気になる（…）今すぐ注目しろって要求する電話より、テキストメッセージやメールのほうがずっと好き。相手が暇なときに読めるから」

これは私が日々、肌で感じていることである。私はどんな理由であっても、他人に迷惑をかける行為に対して極端に敏感だ。誰かに水をもらえないかと頼むくらいなら、喉が渇いて死んだほうがましである。これは行き過ぎた受動的攻撃性の一種ではなく、他人の平穏を乱すことへの恐れである。**自分にとって平穏がいかに貴重なものであるかを知っているがために、他人に干渉しようとは思えなくなる**のだ。両親であれ、銀行のコールセンターで働いている人であれ、電話の呼び出し音のような厚かましさで生活に立ち入る気にはなれない。失礼すぎる！結果として、どうしても必要な電話をかけなければならない場合、私は必ず事前に、相手の忙しい生活に侵入するのを最小限に抑える方法を長時間考えることになる。

インターネット常時接続という新しいテクノロジーが存在する世界を生きるＡＳＤ者が、電話の恐怖から逃れられることを概ねありがたく思っているのは言うまでもないだろう。皮肉なことに、インターネットにアクセスするいちばん簡単な手段を提供しているのが、現代のスマートフォンである。複雑な銀行取引がオンラインチャットで完了し、すべての病院がオンラインフォームで予約できるようになれば、ＡＳＤ者、特に発語のないＡＳＤ者にとってより過ごしやすい世界になるだろう。言葉を話せないＡＳＤ者にとって、優れた文章能力があっても、電話が難攻不落の障壁であり続けているからだ。しかし、時代はまだそこまで到達していない。私たちは、スマートフォンの中で最も嫌いなアプリ「通話機能」を使わざるを得ないことがあまりに多い。それも、自分自身の平穏以上に平穏さを守ってあげたい人と話すために。

ASDと医療

ASDに関して、医療には大きな問題がある。西洋医学は人間の経験の均一性に少々頼りすぎている。医療にかかる費用や医療を必要とする人の数（基本的には全人類）を考えると、医療を機能させるためにはそうせざるを得ないのが実情だ。ニューロダイバーシティという概念は、この均一さを根底から覆し、均一で透明な水域を濁らせる。現実には人間の経験は決して均一ではなく、特にASD者は医療が想定する人生、健康、身体にきれいに当てはまることがない。それにより発生する問題は、ASD者が必要な医療を受けられないということだ。このことがしばしば予期せぬ形で、私たちの平均寿命の低さに大きな影響を与えている。

まず、ASD者が自身の健康状態の異常を発見するプロセスから問題を見ていこう。この部分だけでも困難が多い。まず、内受容感覚（インテロセプション）の問題がある。内受容感覚とは、自分の身体から発せられる感覚や要求を識別し、それに基づいて行動する能力のことである。この感覚は、身体の異常を発見するうえで不可欠だが、ASD者の場合はうまく機能しないことが多い。たとえば、お腹が空いたり喉が渇いたりしても気づかない人もいる。私自身もこの問題を抱えている。喉の渇きを極限まで感じられないせいか、丸一日何も飲まずに過ごし、夜8時頃にひどい脱水症状による頭痛と口の渇きに気づくことがある。同じような問題は、トイレに行けというシグナルを察知する際にもみられ、お察しの通り緊迫した事態を招く。

内受容感覚の異常が引き起こすいちばんやっかいな問題は、私たちの身体が痛みを伝える方法にあらわれる。どのレベルの痛みを感じているのかを医療従事者に伝える能力は、非常に有益である。医師の診断も、いくらかは患者の痛みの訴えに頼っているように見える。というのも、IT技術者がコンピューターの不具合を突き止めるのと違って、患者の内部システムにアクセスするわけにはいかないからだ。医師や看護師は、たとえば痛みのレベルが10段階中6だという患者の自己申告、そしてそれが意味するところを頼りに判断を下していく。

困ったことに私は、自分の痛みのレベルを聞かれてもさっぱりわからない。これはある程度は内受容感覚の問題だが、コミュニケーションの問題の結果でもある。質問を額面通りに受け取ることはできないし、自信を持って答えるなんておこがましくて不可能だ。なにしろ、10点中10点の痛みがどれほどのものなのかを知らないのだから。推測できるのは、私はそこまで重度の痛みを経験したことはないだろうということだ。偏頭痛や群発頭痛の経験ならあるが、それよりもずっとひどい痛みを経験した人がどこかにいるに決まっている。判断の基準になるものがなければ、途方に暮れるしかない。だから最も安全で論理的なのは、平均値あたりでざっくりと「5」と言うことだ。

この場合の問題点は、ほとんどの医師が即座に「ああ、それならそれほど重篤ではない」と考え、「全体的にまあ問題なし」とメモしてしまうことだ。**「大げさ」にならないよう誇張を避け、慎重かつ論理的であろうとすると、必要な医療を受けられないことがある。**ほとんどの定型発達の人たちと違い、私たちは「真実ではない」あるいは「不正確だ」と感じることを口にしたがらないことがある。ばかげているように思えるかもしれないが、これが実際に問題になってしまうのである。解決策は、世界中のASD者に自身の嫌悪感を無視させるか、あるいは医師たちに単純な事実、つまりASD者は無意識のうちに控え目な評価をする可能性があることを伝え、診療や意思決定を調整してもらうことである。どちらの選択肢がより簡単で合理的か、おわかりいただけるだろう。

もっとも、コミュニケーションの問題はこの一例に限らない。問題は医療プロセス全体に及び、それは私の生活における絶対的な災厄であるところの電話から始まるのである。

理由は神またはクトゥルフのみぞ知るところだが、英国の総合診療医（ＧＰ）はいまだに、開院と同時に必死の思いで電話をかけさせて予約が取れるようむなしく祈らせるという、昔ながらの診療予約システムを好んでいるようだ。まるで、メールやオンライン予約システムを持ち込んだインターネットの革命が、彼らを完全に通り過ぎてしまったかのようである。オンライン予約が可能な、あるいは必要な診療所もあるが、ＮＨＳ〔税金で運営される英国の国民保健サービス。加入者は自己負担なく医師の診察を受けられる。原則的にはまず総合診療医（ＧＰ）の診療を受けてから専門医などへの紹介が行われる〕の世界では、いまだに電話が主流なのだ。ＡＳＤ者にこのことを尋ねたところ、９００人強の回答者のうち５００人が、予約のために電話をかけざるを得ないと答えた。つまり、５００人のＡＳＤ者が、病気になった際に電話をかける以外の選択肢がないということになる。彼らの多くは、まさにそれが理由でなかなか受診できないと述べている。そのうちの一人は、電話によるストレスが原因で、診療予約を積極的に避けていると語る。これはすべて障害者差別の結果である。

これまで見てきたとおり、ＡＳＤ者の多くが電話で固まってしまうため、電話利用を避けていることは知られている。これは医療関係者なら誰でも知っていることである。ＡＳＤのステレオタイプにしてはよく知られた、珍しく正確なものだ。それなのに、２０２２年になってもまだ、具合が悪いときに電話をかけることを強要している。単純にありえない。その結果、国中、いや世界中のＡＳＤ者が、最初のハードルを越えられないために、命に関わる医療を受けられなくなってしまうかもしれないのだ。私はかつて、かかりつけ医で「オンライン予約」システムを立ち上げようとしたが、うまくいかなかった。電話をかけることなく医療を受けられる手段を設置するために最初にしなければならなかったことが、電話をかけることだったからだ。その結果、たとえば高血圧のような深刻な症状についてかかりつけ医に相談したいときは、常に電話をかけなければならなくなった。電話をすると血圧が驚くほど急上昇し、たいてい偏頭痛に悩まされることになる。これが医療の適切な運用方法であるはずがない。

このハードルをなんとか乗り越えたとしても、診察室で医師と直接会話をするというコミュニケーション上の難題がある。私はこれで緊張して焦ってしまい、入念に準備した４つの質問のうち３つを聞きそびれ、病院を後にすることになる。ほかのやりとりと同じく、症状を医師に説明することは、問題や誤解を招く可能性に満ちている。医師と患者間の不均衡な力関係におびえている私は、自分の話を真剣に聞いてもらえることを願って、医師に取り入ることに診療時間の多くを費やしてしまう。それには、医師の時間をあまり奪わないことも必要だ。そのため私は、最初の問題を説明してもらったら、ほかの問題を口にしづらくなる。医師を苛立たせるのが怖いのだ。私の場合、これも通常のやりとりに起因するトラウマ反応だと思うが、次の診療予約を取るか（電話で）、単に諦めて相談したい症状が自然に治まることを祈るしかないので、非常に消耗してしまう。

正直に言って、自分がまだ生きているのが不思議なくらいである。

問題は、医師は神経学を履修する過程で必然的に発達についても触れているはずなのに、往々にしてほかの誰よりも古い固定観念を信じがちであることだ。そして医師の研修を担当するＮＨＳは、これまでＡＳＤに関して最新情報に基づく研修をあまり実施してこなかった（医療従事者向けの新しい研修システム「学習障害・自閉症に関するオリバー・マクゴーワン必須研修」の導入により、ようやく事態が変わりはじめている。不適切な薬物投与で死に至ったＡＳＤの青年オリバー・マクゴーワンの悲劇を詳しく調べれば、こういう前向きな変化が認められるまでにどれほどひどい事件が必要だったかを知ることができる）。医師の多くは単純に、私たちの意思伝達や医療にたどりつく能力にＡＳＤが与える影響をあまり知らない。

個人的には、ちょっとした微調整や変更でＡＳＤ者の医療を大きく変えられるように思う。手始めに、メールでの診療予約を標準化するのはどうだろう。技術的に進んだ国ならできないことはないはずだ。医師がＡＳＤ者のコミュニケーション様式の違いや遂行機能障害を理解すれば、経過観察もうまくいくだろう。私たちが愚かにも「えっと、もう一つ気になるところがあるのですが……」と口にすると不機嫌になる医師も、「ほかに心配なことはないですか」と尋ねる訓練を受けてくれたら、どれほどありがたいことか。医師はＡＳＤの患者がすべてを話すのに苦労していることを知れば、ほかの懸念を話す機会を増やしたり、予約の際に体調不安を伝えられるシステムを用意したりして、意思伝達を促してくれるだろう。煎じ詰めて言えば、なぜすべてを口頭で伝える必要があるのか？ということなのだ。発語のないＡＳＤ者、場面緘黙《かんもく》［社交不安から公の場などで話せなくなってしまうこと］のあるＡＳＤ者も多いのだから。

もしＮＨＳが電子予約システムを標準装備し、予約時に受診理由を詳細に記入できるようになれば、何千人ものＡＳＤ者が法律で認められた医療を受けられるようになると私は確信している。

しかし、私はこのような改革を実現させる力のない一個人にすぎない。実現するまでの間、私がＡＳＤ者にお勧めしたいのは、受診の際に同伴者を連れて行くことだ。電話をかけてくれたり、診察に必要なことをすべて代行してくれたりする親切な第三者（家族、パートナー、友人）の存在は、きわめて貴重である。幸運にもそのような人がいれば、の話だが。診療所というストレスの多い環境で、第二の手、目、耳になってくれる人がそばにいてくれるのは、大変心強い。当面はこれが、しっかりした治療を受けられる最善の方法であろう。

本当は、人の優しさに頼らずに済むのがいちばんいいのだが。

本章を読んでくれた読者は、ＡＳＤ者とやりとりする際は、相手に対する「これくらいはできるだろう」という想定を変えたほうがいいとわかってくれたと思う。そして、互いの違いを思いやることがいかに重要かをご理解いただけたはずだ。私たちにはこのような違いがある。

- 私たちは多くの場合仮面をつけており、その結果、あなたが思っている以上に会話（そして悲しいことに人生全般）で苦労している可能性がある。あまりに仮面をつけるのがうまいので、自分がＡＳＤだと気づかない人もいるくらいである。

●「仮面」をつけるのは疲れるということをご承知おき願いたい。もしあなたが、私たちが仮面をつける理由の一端を担っているのなら（つまり、仮面をつけていない私たちと一緒にいることに耐えられないなら）、私たちへの見方を再考してもらえるとありがたい。

●私たちが世間話でしくじったり、本題からずれた話を少々引きずってしまったとしても、ダメなやつだと決めつけないでほしい。私たちが少し話しすぎたとしても、それで世界が終わるだろうか。私たちが会話から離れようとしているのが見え見えだったとしても、あなたの自尊心が耐えられないほどのことだろうか。どうぞ大目に見てほしい。私たちは全員が、皆さんほどおしゃべりが好きとは限らないことをご理解いただきたい。

●私たちがメルトダウンを起こしたら、次の対処をお願いしたい。後ろに下がる、干渉しない、批判的な言葉を飲み込む。最後のポイントはとても重要だ。私たちは制御不能に陥っている自分を恥じているときに、さらに追い打ちをかけないでほしいのだ。

●私たちのコミュニケーションの違いが、特に病院を受診するときに、大変な結果をもたらす可能性があることを理解してほしい。可能なら、忙しくて関心のない専門家に

、

対して、私たちの話を「翻訳」してあげてもいいと思ってもらえるとありがたい。

第2章

ASDと友人

Autism and Friends

「ASD者には共感力がない」という神話

ASDについて初めてまとまった話を聞けたのは、学校だった。学生時代ではなく、教師になってからである（学生時代にASDだとわかっていたら、どんな人生だっただろうとよく考える）。ASD（自閉スペクトラム症）は、教師をしているとよく話題に上る。なにしろASDと診断される子どもの数は、このところ急速に増え続けているのだから。ASDのことをよく知らない人たちは、この事実を神経多様性という病気の恐ろしい「流行」の証拠として引き合いに出し、邪悪な何か（有名どころではMMRワクチン）がASDのおぞましい増加を引き起こしているとほのめかす。

これはこの現象のまったく間違った角度からの見方だ。実際は、ASDについての理解は1990年代初頭から飛躍的に進展してきた。私たちの社会は現在、ASD者があらゆる層に存在するという事実を認識している。女性にもかなりの数のASD者がいると明らかになったことで、ASD者の全体数は大幅に増加した。くわえて、先住民や黒人、その他社会から疎外された人びともＡＳＤになるという認識が高まっている。このような状況で、数が増えないほうがおかしい。

今ではどのクラスにも少なくとも1人、多ければ3、４人のＡＳＤの生徒がいるのが普通である。そのため、教師たちはＡＳＤについての理解を急速に深めている……はずだった。

現実は、残念ながらそうではない。一般的に教育現場におけるＡＳＤ理解はかなり古く、質が低いのが実情だ。否定された神話やステレオタイプに強く支配され、現代の理論や概念を把握できていない。ＡＳＤ者でない教師や指導者から受けたＡＳＤに関する『教育』は、それゆえ混乱し、誤った情報に満ちたものだった。数あるステレオタイプの中で最もひどかったのは、ＡＳＤの生徒には共感力がないという俗説である。

共感は人として大切な要素だ。他者の感情を認識し、わかちあう能力は、私たちが社会を共にするうえで大きな役割を果たしている。そして、どうやらＡＳＤ者にはその能力がないらしい。これはニッチでも珍しい見解でもない。どこにでもあり、ＡＳＤについて最も広く流布している神話のひとつである。ＡＳＤの子どもは、他人がそれぞれ固有の考えや信念を持っているという事実を理解できず、他人が自分と違う感情を抱いている可能性を認識する能力もない。その結果、ＡＳＤの子どもは恐ろしい行動をする、という神話。**要するにその神話は、Ａ**

ＳＤの子どもは自己中心的なモンスターだ、と言っているのである。

ある集団に共感力が欠如しているという見解が確立すれば、たちまちその集団は偏見にさらされる。神経学的疾患であるにもかかわらず、しばしば人ならざる悪夢のような存在としてメディアにステレオタイプ化されてきた「サイコパス〔精神病質者。扁桃体および前頭前皮質腹内側部の器質的・機能的異常により恐怖心をもたず、問題行動を起こすとされる〕」や「ソシオパス〔社会病質者。反社会性パーソナリティ障害の一種で、反社会的な行動をためらわないとされる〕」と似たような道を、ＡＳＤもたどることになる。そこから映画『アメリカン・サイコ』でレインコートを着ていたパトリック・ベイトマン（クリスチャン・ベール）や、映画『少年は残酷な弓を射る』の恐ろしい子どものイメージまで、一足飛びだ。このような物語上の表象は、ＡＳＤにはふさわしくない。共感力に欠けるＡＳＤ者という神話を広め続けることは、状況を悪化させるだけだろう。

実際、ＡＳＤ者は共感することができるし、共感力を持っている。定型発達者と同様に、人並み以上に共感力が高い人もいる。確実に言えるのは、心身の痛みへの共感を強く示すＡＳＤ者は少なくないということだ。私は苦しんでいる人（たとえば泣いている赤ちゃん）を見ると、その人の強い悲しみや不安を感受せずにはいられない。人の感情を吸収しすぎて、ぐったりしてしまうこともあるくらいだ。ＡＳＤ者からよく聞くのは、自分が「感情のスポンジ」みたいに感じるという報告だ。何らかの争いが起きている部屋に入ると、ＡＳＤ者はすぐにその場のネガティブな感情（「ノリ」や「空気」と呼ぶ人もいるかもしれない）をまるごと受け止めてしまい、へたりこんだり涙があふれたりすることがある。私は、激しい口論をあわてて中断したばかりなのがあからさまな部屋に入りこんだことがある。みんな笑顔を浮かべていたが、張りつめた空気とギスギス感に気分が悪くなり、部屋の外に出てしまった。これは定型発達者の共感と同じではないかもしれないが、私たちにまったく共感力がないというのは単純にばかげた言い草だ。

もっとも、すべてのステレオタイプ同様、そこには一片の真実がある（全体として妥当といえるほど正しいと言いたいわけではないので注意）。検証する価値は確実にあるだろう。内心では激しい感情がふつふつと沸き立っていても、表に出さないＡＳＤ者は多い。その感情をどう扱えばいいのか、いまひとつわからないのだ。たとえばＡＳＤの特性（統合失調症の症状でもある）として、「感情の平板化（flat affect）」がある。似たような二つの概念「ポーカーフェイス」「普段の表情が怒っているように見える顔（Resting Bitch Face）」を挙げれば、どんなものか伝わるだろうか。もっとも、「ポーカーフェイス」はたいてい意図的につくられるもので、「普段の表情が怒っているように見える顔」は明白に否定的効果をもたらすものである。これらに対し、「感情の平板化」では表情が完全に「無」となる。心の中で何が起こっていても、顔はそれを反映しない。そのためＡＳＤ者は、友人の悲しみにしたたか心を打ちのめされながらも、一切関心を持たずにのほほんとしているようにしか見えないという気まずい事態に陥りかねない。ご想像のとおり、これは何らかの問題を引き起こす可能性がある。「感情の平板化」は、決してＡＳＤ者全員にみられるものではない（表情豊かな人は多いし、私もその一人だ）ものの、ありふれた症状ではある。おそらくそういう状態の人たちに、何人か会ったことがあるはずだと言える程度には。

そして、たとえ人の心の動きに共感し、どうにか理解を示すことができたとしても、相手を支えるために何をすればいいのか見当もつかないということもある。これはよくある状況のように思えるし、私自身も非常に身に覚えがある。仲の良い友人やパートナーがつらい目に遭ってすすり泣いているのを見て、人間としての深い共感を感じながら、私は気まずそうにそばに座り、少々顔をしかめ、唇をギュッと結ぶ。抱きしめようという考えが、頭をよぎらなくもない。でも、それが支えになるかわからないという不安にさいなまれ、なかなか実行には移せない。その代わり、テレビ番組『デアデビル』のベンジャミン・ポインデクスターよろしく、効果があるとわかっている決まり文句に頼る。「とても気の毒に思うよ。それはさぞかしつらいだろうね」。実際に相手がどんな感情なのかわからなくて、藁にもすがる思いで言うのではない。**感情はわかっているのだが、どう反応すればいいのかがわからない**だけなのだ。「世間話」のルールがわからないのと同じように、私には社交用の台本のその部分が欠けている。

少なくともＡＳＤ者の視点から見ると、共感にはもう一つ非常に興味深い部分があり、それはいわゆる「心の理論（theory of mind)」に関連している。一般的にこの言葉は、他者にも自身の考えや主体性、感情があるということを認識する能力を指す。他者とは本質的に自分とは別の自律した存在で、自分と同じことを思ったり考えたりしているわけではないと理解する力だ。もしあなたに「私が何を考えているか当ててほしい」と頼んだ場合、自律した存在であるあなたは、私があなたとまったく同じこと（「このおかしな男は私になぜ質問をするんだ？　どこから出て来たんだ？」）を考えているとは想定し﹅な﹅い﹅だろう。これが「心の理論」を持っているということだ。あなたは立派な一人前の人間として扱われるだろう。

不幸にも、ながらくＡＳＤ者には「心の理論」が欠損しているといわれてきた。「心の理論」は動物の感覚性を測る標準試験として用いられ、ある人間に「心の理論」が欠けていると示唆すれば不愉快な反響を引き起こすにもかかわらず、ＡＳＤ研究における標準的な概念であり続けた。少なくとも１９９０年代から２０００年代にかけての研究を見れば、その言葉を見つけることができるだろう。ＡＳＤに関する「心の理論」欠損仮説は、とある奇妙な研究に基づいている。物を隠す二人の子どもの物語にまつわるこの研究について、ここで概要を解説しよう。ＡＳＤの子どもが、「一人の子どもがもう一人の子どものおもちゃをその子がトイレに行ったすきにバッグに隠す」という状況のイラストを示される。それからＡＳＤの子どもに、戻ってみたらおもちゃがなくなっていることに気づいた子どもはどこを探すかと問いかけた。

少なからぬＡＳＤの子どもたちが、喜んでバッグを指さした（これは、いじめられっ子がいじめっ子と同じ情報を把握していないことを理解していないことを示唆する）。そのため研究者たちは、「ＡＳＤ者には「心の理論」が欠けている」と大々的に宣言した。問題は、それ以上の質問がなされなかったこと、あるいはほかの可能性をじっくり考えなかったことである。たとえば「おもちゃを隠した子どもがいつもこのようないたずらをしているから、相手の子どもはどこを探せばいいのかわかったと想定したってこと？」などという質問を、ＡＳＤの子どもにする者は誰もいなかった。同じように、最初の子どもが戻ってきておもちゃがないことに気づいたイラストの中に、そのおもちゃがどこにも描かれていないという事実を誰も指摘しなかったようだ。子どもたちは広大な白い空間を見て、おそらくそこに置いてある忌まわしいバッグの中にあるのだろうと正しく理解したのだ。

これは、ＡＳＤを研究している人びと（歴史的にＡＳＤでない人が圧倒的に多い）が、乏しい根拠に基づいて広く一般化しすぎた結論を下しがちであることの好例である。しかし、一度受けたダメージは取り返しがつかない。私たちは２０２０年代になってもなお、現実のＡＳＤ像からそのダメージを取り除こうとしている。現実問題として、先に述べたようにＡＳＤ者は共感力を持っている。実際、ＡＳＤ者は非ＡＳＤ者にはめったにみられないような極端な共感を示すことがままある。

私たちが総称して「ハイパーエンパシー」と呼ぶ過剰な共感をもっていると報告するＡＳＤ者は多い。ハイパーエンパシーは、危機的状況、あるいは不穏な状況にある人びとや動物に対する一種の極端な感情的反応である。先ほど私は苦しそうに泣いている赤ちゃんを見ると強く反応すると書いたが、ハイパーエンパシーはこれだけに限らない。この種のＡＳＤ的共感の興味深い特徴として、動物に対する極端な共感がある。ＡＳＤ者がしばしば動物の権利擁護運動に関して非常に強硬な意見を持つのには理由がある。私たちの多くは、動物が何らかの苦痛を受けている姿を想像するのが耐えられないのだ。私自身、動物が苦しんでいるのを見たり聞いたりすると、すぐに動物が感じているであろう不安と恐怖に圧倒され、その苦境に強い悲しみと同情を覚える。自然保護と動物福祉への私の関心はかなり強烈だ。２０２０年初頭にオーストラリアで発生した山火事で大量の動物たちの命が失われたような悲惨なニュースを耳にすると、私はかなりの確率で泣いてしまう。これは共感力に欠ける人間の行動ではない。

そう、ＡＳＤ者はこの上なく共感的である。もちろん、共感の示しかたは面白いくらい多様で、（ＡＳＤではない人から見れば）典型的とは言えない。**だが、ＡＳＤ者の大半にとって、そこに共感はあるのだ**。だからこそ、ＡＳＤでない人が抱いているであろう「ＡＳＤ者に有意義な人間関係を築く能力があるのか」という不安や疑問を解消する必要がある。ほとんどの場合、ＡＳＤ者には友人をつくる能力がちゃんとある。さまざまな理由で困難があるにせよ。

ＡＳＤ者は内向的か

ＡＳＤ者は地球上で最も内向的な人びとで、離島の別荘に住んで一生ほかの人間に会わない暮らしに満足するような、事実上の世捨て人だと思われている。もちろん、これは一部の人間には当てはまる。私の夢は、リタイアしてスコットランドの島で世捨て人のような生活をして、誰にも口出しされないことだ。しかし、これはそう単純な話ではない。

ＡＳＤ者の中には、いろいろな意味でかなり外向的な人もいる。そういう人たちは、人と一緒にいること、注目を浴びることに喜びを感じる（ＡＳＤなので休止の時間も必要という但し書きがつくが）。もっともその外向性は、ＡＳＤでない多くの人が思いもよらぬような形であったりする。それは、定型発達の外向性とまったく一致しているようには見えないかもしれない。しかしそれを言うなら、ＡＳＤ者がすることはどれも定型発達者と同じではないのである。**ここでのポイントは、ＡＳＤ者は反社会的で人間嫌いでさえあるという古くから知られるステレオタイプは、実際はかなり欠陥がある**ということだ。とはいえ、それなりの数のＡＳＤ者が外向的だと自認しているにもかかわらず、私が話をした多くの人は、社交不安や恐怖、あるいは「叩き出された」経験のために、生来の外向きの傾向が開花する機会を与えられなかったと報告している。これは矛盾して聞こえるかもしれないので、もう少し詳しく見てみよう。

生まれつき外向的なＡＳＤ者を想像してみてほしい。人と一緒にいるのが幸せで、注目されることを楽しみ、周囲の人からエネルギーを得ることさえある。共感性が高く、友人が生きがいだ。とはいえＡＳＤ者であるため、第1章で書いたように、コミュニケーション能力は定型発達者とは大きく異なる。時が経つにつれて、（周囲には「問題がある」「扱いにくい」と映る）コミュニケーションスタイルの違いが、友人との仲違い、口げんか、仲間はずれ、さらにはいじめといった問題につながっていく。外向的なＡＳＤ児は人付き合いで続けざまに手痛い目に遭って打ちのめされ、だんだんと引きこもり、人と過ごす時間が減っていく。それからは用心深く控え目になり、社交に恐怖さえ感じるが、生まれつきの外向性が消えてなくなるわけではない。その代わり、しかたなく内向的な態度を強いられることになる。

これはおそらく、世界中のあちこちで何千回と繰り広げられてきた話だ。その結果、ＡＳＤ者はきわめて内向的でおとなしく、人との接触を避けているように見える。しかしそういう人たちの中には、人と関わり合うことから恩恵を受けるであろう人たちがたくさんいる。ただそれも、トラウマにならないのであれば、の話である。悲しいことに現状は、ＡＳＤ者が必要なものを得られるほど快適で安全な世界であるとは言いがたい。それが本書が存在する理由のひとつである。だから、ＡＳＤ者の知り合いがいるなら、私たちが友人を求める気持ちについて思い込みをしないのが賢明だ。ＡＳＤ者だって、さみしい気持ちを抱くこともある。

今にいたるまでＡＳＤ者の内向性神話は根強く、社交的なＡＳＤ者は学齢期から定年退職にいたるまで、その社交性を筆で塗りつぶされ続ける。学校に通うＡＳＤ児は、休み時間のたびに図書室や階段の下の隠れ場所に潜んで一人で過ごしていても、心配の種とはみなされない。「いいんだ、あの子はＡＳＤだから」と教師は言うかもしれない。**その結果、そういう子ども**

たちの行動はレーダーにはひっかからず、彼らの強烈な孤独感はやがてもっと危険なもの、つまりうつ病へと転移していく。こういうことがベルトコンベヤーで運ばれるように確実に起こるとは言わないが、旧態依然としたASD観のせいで、明白な因果のつながりが見落とされやすくなる。

ASD者の交友関係の実態を知りたければ、発達障害の生徒の集まりを見るのがいい。放課後のクラブには、ASD者でも参加しやすいところがいくつかある。私の経験では、編み物クラブ、チェスクラブ、環境・動物保護クラブ、テーブルトークRPG同好会などの課外活動には、ASDを含む幅広い脳タイプの生徒が集まっている。そういう場を見れば、ASD者がいかに人とのふれあいに喜びを感じているかがわかるだろう。趣味に関するおしゃべりをしたり、マニアックな議論をしたり、笑ったり、冗談を言ったり、一緒に静かに過ごしたり。こういう交友は大人になっても続く。私が今まで参加したなかでいちばん温かく楽しい活動は、ほかのASD者が何らかの形で参加しているものだったとためらいなく言える。**ここで問題になるのは、なによりそういう場につながれるかどうかである。**社会的つながりを求めているASD者がいじめやひどい扱いを受けずに済む安全な場所は、（生活のほとんどの領域でだいたい普通にふるまえるにもかかわらず）きわめてまれである。だからそういう安全な場を見つけるには時間がかかるし、不可能だと感じることさえある。

友人を求めているＡＳＤ者は多い。多くの人が友人をつくって一緒に時間を過ごし、深く知り合いたいと願っている。もちろん、友人なしでもすこぶる幸せなＡＳＤ者もいることは常に念頭におく必要があるが、私はそういう人は平均的というよりもむしろ例外であるという意見に傾いている。それ以外のＡＳＤ者は、定型発達の人びとと（衝撃的なことに）似たようなものである。友情という曲がりくねったアスレチックコースを通り抜けるやりかたは、標準からはややズレているかもしれないが。

ＡＳＤ者の人付き合い

ＡＳＤ者はネット上で、自分の中に根深く潜む恐怖について語る。いつ自分に襲いかかり、その日一日を台無しにしてしまうかわからない。それは私たちを深く貫く、ほとんど原始的な恐怖だ。ろくに心の準備もできておらず、完全に無防備なときに、それは起こる。私は最近この恐怖に襲われたときのことを覚えている。私はのんきに楽しく、友人とともに中年生活の最近のできごとを振り返りながら、太陽の下でビールを飲んでいた。すると突然、どこからともなくそれは起こった。**ほかの人が現れて、私たちに加わったのだ。**

メロドラマめいた言い方で申し訳ない。しかし社交の場に予期せぬ人が現れることの恐ろしさを、ほかにどう伝えればいいのだろう。他者遭遇イベントに備えるのは、私にとってかなり難しい。だが、それは常に起こることである。長いこと私は、この恐怖を自分の内向性から生まれるものだと考え、克服するためにパーティーやライブ、オフ会などにひんぱんに参加することを自分に強いていた。今の私は、これが非生産的なやりかただったと理解している。この恐怖は「克服」できないASDの特性だ。少なくとも、私のようなやりかたでは克服できないだろう。事実ASD者は、さまざまな形で外向的であったとしても（外向的なASD者がいかに多いかには驚かされる）、人と一緒にいるとみるみる電池が消耗してしまう。私たちの大多数は、社交的なイベントのあと、あるいはその最中にも、しばしば長い休止時間が必要になる。ASDであることがわかってからの私は、社交が求められそうな場では横になって休む時間を持つようにすることで、うまくやり過ごせるようになった。

したがってASD者は、あらかじめこういう状況に備え、休む時間が必要というシンプルな要素を考慮に入れたうえで慎重に計画を立てておくことが重要になる。計画を立てるにあたってはもちろん、誰がそこに参加するのかを知っておくことが必要だ。私がツイッター（現X）上でASD者を対象に、人と会うなら一対一がいいか、二人以上がいいか聞いてみたところ、1000を超える回答を得られた。好みははっきり表れた。82パーセントが、一対一で会いたいと回答したのだ。だがコメントは、状況次第だというものが多かった。全員がASDなら、あるいはゲームのように一緒にできる活動があれば、二人以上でも気楽に過ごせるという意見だ。しかしそれでも、私たちは一対一の関係を好む。なぜなら、すでに述べたような問題にあまり頭を悩ませずに済むからだ。相手が一人であれば、世間話は一回でいい（お互いをよく知っている場合は一回もしなくていい）し、自分の話す順番を見極めるのも難しくない。ユーモアや話題転換で喜ばれるか、がっかりされるかを判断するのも、ずっと簡単だ。

私たちは、一対一で会うために計画を立て、準備をする。準備には挨拶のリハーサルや話題の確認、座る場所を決めることなども含まれる（ネットで現地を調べ、座席の見取り図を入手することもある。たいてい奥まった場所で、できれば個室か、壁を背にして座れるところがベストだ）。付き合ってデートする段階でいたたまれない経験を重ねてきた私たちは、このような準備が役に立つことを痛いほどわかっている。**要するにASD者の多くは、不意打ちや予期せぬできごとがことごとく苦手なのだ。**それは、私たちのストレスの基準値がすでにきわめて高いところにあることと関係があると思う。だからこそ、綿密に準備をして臨んだイベントに第三者が現れて加わるのを目にすると、すっかり心が打ち砕かれてストレスがたまる。心の中で練った入念な計画がいきなり、まるごと使い物にならなくなるのだから。

気まずい世間話をさらに繰り返さなければいけない可能性が高まり、いつ口をはさめばいいのかわからなくなる恐怖も増える。むろん、すべてのＡＳＤ者が一対一の付き合いしか望んでいないわけではない。大人数のグループを好む人もたくさんいる。特に４人以上の大人数であれば、必要とあらばいつでもしばし離脱して充電することができる。私だって、大勢の友人・知人と楽しい夜を過ごしたことがある。そういう場では、必要なときに10分ほど黙って避難しても誰にも気にされずに済む。しかし、本章の事例のように、想定していない人が場に加わるのを好まないのは、ＡＳＤのほぼ普遍的な特性と言っていい。

では、どうすればいいのか？　この場合、ＡＳＤの友人や家族を不安にさせない方法は簡単だ。彼らが確実に行うであろう計画や準備を認識し、それを尊重するだけでいい。やむを得ない場合を除き、その計画の邪魔をしないことだ。ほかの人を飛び入り参加させたいときは、そういうこともありうると知らせておこう。第三者が現れそうだと思ったら、前もって注意喚起しておく。ＡＳＤの友人と会うときは、次のことを心に留めておいてほしい。

● 直前に場所を変えないこと！

私は過去に何度か、このせいで心のバランスを崩してまっすぐ家に帰ったことがある。不機嫌になったからではなく、新しい場所に対する心の準備ができていないパニックからだ。私にとって最悪なのは、新しく指定された場所を知らず、一度も行ったことがないという状況である。その場合、私はほぼ間違いなくその場所に行くことはないだろう。

● 座席や居場所をＡＳＤ者に決めさせる。

私がこれまで書いてきたこともそうだが、これが尊大で自己中心的に聞こえるであろうことは承知している。だが、どうかネガティブに受け止めないでほしい。これは嗜好の問題ではなく、必要性の問題なのだ。ＡＳＤ者が必要とする支援はなくてはならないものであり、ほかの障害者に必要な支援と同じである。バリアフリーのためのスロープとの違いは、ＡＳＤ者が求めるものは目に見えず、行動に関するものであり、過度な要求や甘えから来ていると誤解されやすいことだ。実際には甘えどころではないのだが。プライバシー、静かさ、快適さ、照明、騒音など、ＡＳＤ者が満たしたいニーズに対応できるよう、できる限り場所をＡＳＤ者が選べるようにしてあげよう。

● ASD者が疲れたり、早く帰りたがったりした場合、もっといてほしいと思っても、冷静に対応する。

いつもではないにしろ、私は友人と会っているときにエネルギーレベルが激しく変動し、その場から逃げ出したい衝動を抑えなければならないほど、ひどく弱ってしまうことがある。そんなわけで、突然お開きになることもあると想定しておいてほしい。私たちがなんとかしてとどまろうとするのはすごいことで、あなたと一緒にいて楽しいことの証だと思ってほしい。

ASDの友人と仲良くするには

ASD者の友人関係はおおむね、ASD者が自分の人格の「好ましくない」面を仮面で隠すことによって成り立っている部分があると言ってもいいだろう。そのような関係には少々疑問の余地があるものの、率直に言って私は良い友人がいることにとても感謝しているので、この点をあまり深く追及するつもりはない。

ASD者は人間関係で非常に苦労する傾向がある。コミュニケーションスタイルの違いが潜在的な問題であるのは明白だが、内向きの外向性という、しばしば相矛盾する性格も拍車をかける。**私たちは友人を求めると同時に、友人から一刻も早く離れたいと思うことが多々ある。**友人と一緒に出かけたがるわりに、家に逃げ帰って押入れに隠れて回復したいとも切実に思ってしまうのだ。トラウマは絶えず友人との付き合い方に影響を及ぼすが、だからといって私たちが友人を欲していないわけではない。とはいえ、例によってASD者が考える友人関係は定型発達者のそれとはかなり異なっており、それが衝突の原因になりうるのは容易に理解できる。

私は一日の大半をツイッター（現X）に費やし、SNSを使って交流している。私は完全に真顔でこれを言っている。というのも、ツイッターで知り合った人たち（そのほとんどは直接会ったことがない）とおしゃべりして過ごすことは、私にとっては効果的な交流なのだ。アイデアを交換し、ジョークを交わし、共感し、体験談や打ち明け話をし、助言する。私たちは異なる部屋、町、国、半球にいながら、ただテキストのみでそんなやりとりをしている。なぜネットの交流がさげすみの目で見られるのか私にはわからないが、大多数の人びとがこのようなオンラインだけの関係を、本来なら一緒に過ごしてするリアルの交流のまねごととしか見ていないのは明らかだ。私にとって理解できないのは、くっついて過ごすことが友情の絶対的基準とされていて、すぐそばに行けないならばその友情を軽視しているとみなされることだ。

友人同士が定期的に物理的な近さを共有することに置かれる重要性はとても大きく、当惑するほどだ。即時的で信頼性の高い電子通信が普及する以前は、一緒に過ごす以外の交流の選択肢はのんびりした郵便か、せいぜい伝書バトぐらいしかなかった。そういうやりとりがもどかしくて満たされないものだったのはわかる。しかし2020年代初頭の今、遠隔通信のどこに問題があるだろう。なぜ人びとは、インターネット上の友情がどこか劣ったもののように言い立てるのだろう。触れ合いの問題なのだろうか。確かに私は、友人の誰一人として触ったことがないと言っても過言ではない（結婚式の日のハグをのぞく）。ASD者は一般的に、身体的接触をほとんど重視せず、好んで触れ合うのはかなり親密な人だけだ。

ここで申し添えておくべきは、ASD者の多くは社交サークルを、すべてではないにしてもおもにネットで形成しているということだ。そして多くの人が、実際に「会った」ことのない本当の友達がいると言うだろう。私が考えるに、このような友人関係は、地元つながりでできた定型発達者の「昔ながらの」友人関係と同じように充実していて、（私たちにとっては）うまくいっている。友人関係を維持するためにしょっちゅう物理的に近づく必要はないし、定期的に連絡を取る必要もないように思われる。私は人と連絡を取り合うのがとんでもなく下手である。人付き合いの不器用さに加え、単純に忘れっぽいせいでもある。ＡＳＤ者特有の忘れっぽさは、たびたび問題になる。何週にもわたって一つのプロジェクトや心配事、関心の対象に集中してしまい、1年過ぎてからようやく自分にとって大切な人たちのことを思い出す、なんてこともありうる。そうなれば親友も妹も両親も諦めて、私が死んでいるとみなすだろう。

だがＡＳＤ者は、連絡がなくてもあまり気にしないようだ。ＡＳＤの友人に長いこと連絡を取らなかったからといって、友情にひびが入ったりはしない。私たちの友情が壊れるスピードは、定型発達の友情よりもはるかにゆっくりであるらしい。ＡＳＤの友人に12カ月連絡を取り忘れたあとでしれっとメッセージを送っても、それまでの会話をそのまま続けることができるだろう。

思うにこれは、ＡＳＤの優れた特徴である。少なくとも部分的には、何も決めつけず、連絡が来ないことをネガティブに解釈しないというＡＳＤならではの能力のおかげだと私は考えている。ＡＳＤ者が友人関係にそれなりの自信があり、満足している場合は、長期間連絡が滞っていても快適に過ごせる傾向があるようだ。ここから示唆されるのは（裏付けに必要な量のデータもないのに、いきなり科学的な仮説めいたことを言ってしまうが）、それがＡＳＤ的な友情の性質なのかもしれないということだ。**ＡＳＤ者の友情は堅固でゆるぎなく、壊れにくくてメンテナンスをあまり必要としない**。私たちは定型発達の友人に対しても、同じように接する可能性が高い。成功例は少ないが。

だからもし、ＡＳＤの友人がいるのなら（あなたがそうと知っているかどうかはともかくとして、きっといるはずだ）、次のことを心に留めておくとよいだろう。

- ほかの友人ほど「義理がたく」はないかもしれない。外飼いの猫のように、不規則に現れたり消えたりし、ときおり静かになったり、長い間留守にすることもある。これらはあなたを嫌っていたり、大切にしていないというサインではない。ほぼ確実に、友情のありかたがほかの人と異なるためである。
- ネットだけの関係で完全に満足していて、実際に「会いたい」という願望をあまり持っていないかもしれない。繰り返しになるが、これはあなたが見下されているのではなく、（ＡＳＤ者にとって）会うのが重労働で必要ないというだけだ。無理をしてストレスの多い状況に身を置くよりも、そのままの友情を楽しむほうがはるかにいいと思っているのだ。

●ＡＳＤ者は疲れやすい。その場の中心人物（ことによるとパーティーの主役）だったとしても、唐突に反応が鈍くなって離脱してしまうことがある。一緒に過ごしているときに、別れの挨拶もそこそこに突然その場を去ることもあるだろう。これは、あなたに対する好き嫌いの問題ではない。人付き合いに使う電池が急激に消耗した結果だ。

私はこれまで何度か、さよならも告げずに友人のもとを離れたことがある。そのうちのひとつが、ノッティンガムで行われたライブでのできごとだった。大勢の汗だくの酔っぱらいたちに取り巻かれているうちに、音楽を楽しむ余裕が消えてしまったのだ。古い携帯電話で複雑なことをしようとして、またたく間にバッテリーが80％から０％になったようなものだ。私は踵《きびす》を返してドアに向かい、冷たい夜の空気の中に足を踏み入れた。凍ったプールに飛び込んだように、すぐに目が覚めた。私は深い罪悪感を覚えながらも、駅まで歩いた。それが必要なことだと自覚していたからだ。別れを告げようとすれば、余計に苦しくなって緊張が増しただろう。家に着いた私はベッドに直行した。

ＡＳＤ者の恋愛

グーグルの予測検索アルゴリズムから判断するに、「ＡＳＤ者は愛を感じるか」というシンプルな質問は検索ワードとして非常に人気がある。こんな質問は明らかにナンセンスであり、どうしようもなく無知だと思うが、なんだかんだいってこの質問が人気なのには理由がある。その理由をひもといていこう。

ＡＳＤ者のステレオタイプとは、さんざん見てきた通り、わざとやってるのかと思うくらい不器用で、絶望的にかっこ悪く、誰もが退屈と軽蔑であきれてしまうような話題に夢中になる人間のことだ。これこそ、明けても暮れても見せられるＡＳＤ像である。１９８０年代の映画『レインマン』でダスティン・ホフマンが演じたレイモンド・バビットがベースになっているのは明らかなのだから、「レイモンド・バビット」モデルと呼ぶことにしよう。この映画が一般人の意識にＡＳＤの固定観念を植えつけて以来、「レイモンド・バビット」モデルは急速に普及し、ほとんど独自の生命を獲得するまでになった。ＡＳＤではない「ニューロダイバーシティの専門家」たちによって定期的に後押しされることで、このモデルは広がり、何度となく生き返り、ASDに対するほぼすべての一般的な誤解を招いた元凶となった。

バビットは、いかなる形であれ大人の性愛関係にまったく適さない人物像として描かれる。子どものように無垢なバビットは、恋愛感情や性的欲求を一切抱かない存在だ。その結果、あまりに多くの人が、ASD者は皆バビットと同じだと信じている。

私たちが言えるのは、ASDはおもに遺伝要因が大きく、親から子へと受け継がれるものだということだ。多くのASD者は診断を受けたあとで、自分の親が明らかにASD的であったことに気づいたと報告している。同じように、おもに学校からの指示などで子どもに診断がついたとき、両親の一方または両方が、自身にも多くの共通点があることからASDだと気づくのはよくあることである（こういうことは実にありふれているので、子どもがASDと診断されたときは自動的に両親にも診察をすすめて診断プロセスを早めるべきだと私は真剣に考えている）。自分のASD発覚を受けて、祖父母、大叔母、大叔父、遠いいとこにASD特性がどれだけあるかという記憶を掘り返し、家系をさかのぼって自分の祖先全体にASDの診断を暫定的に下す。多くの場合、ASDは家族の問題である。つまりASD者がセックスをしていたからこそ、こうやって受け継がれているということだ。

ＡＳＤ者も人間なので、全人類と同じく、恋愛関係や性的関係を築きたいという願望を持っている人は多い。**ＡＳＤだからといって、人間としての基本的な欲求が奪われることはない**のだ。確かに、ＡＳＤ者のコミュニティにはアロマンティック〔他者に恋愛感情を抱かない人〕もアセクシュアル〔他者に性的欲求を抱かない人〕もたくさんいるが、これは定型発達のコミュニティにも当てはまる。ＡＳＤ者だってデートをしたり、いちゃついたり、多くの異性と関係を持ったり、落ち着いたり、結婚したり、離婚したりする。おもに二つの偏見のせいで、広く議論されたり考慮されたりすることがめったにないだけだ。偏見の一つは前述のバビットのようなステレオタイプであり、もう一つの偏見は、ＡＳＤは（まるで18歳の誕生日に「ＡＳＤから卒業」するかのように）子どもだけがなるもので、大人のややこしい人間関係とは無関係というものである。

ＡＳＤ者の恋愛関係については本が一冊書けるくらいだし、そういう本が出てしかるべきである。ここでは基本的なことを記すにとどめるが、**これまで述べてきたＡＳＤ者の友人関係の特徴の多くが、恋愛にも当てはまることを心に留めておいたほうがいいだろう。**たとえばＡＳＤ者は、遠距離恋愛に適しているところがあるかもしれない。それは遠く離れたところに住むＡＳＤの友人が、一緒に過ごす時間がなくても問題ないように見えるのとまったく同じ理由である。ASD者が伝統的ではない恋愛をするという事例も少なくない。ASD者によくみられることであるが、私たちにとって「伝統的な」人間関係はあまり意味をなさない。このことを踏まえると、明らかに伝統的ではないスタイルを好む自分を受け入れ、そういう自分の性質と折り合いをつけたほうが幸せになれそうだ。ASD者がLGBTQ＋コミュニティ、とりわけトランスジェンダー、クエスチョニング［自分の性自認や性的指向を定義していない人］、クィア［性的マイノリティ全般］と強いつながりがあることはよく知られている。これは私たちが「規範」から逸脱することで、曾祖父母世代が好んだ狭い定義に自分を押し込めることなく、あるべき姿で存在し、生きるべき人生を生きられるようになるからだと思う。もう一つの例として、ポリアモリー［パートナーの同意のうえで複数のパートナーと親密な関係をもつこと］のASD者の数が挙げられる。彼らは規範を避け、自分にとってしっくりくる異質な恋愛スタイルを採用している。

ひとつ確かなことがある。それは、感覚過敏やアイコンタクトを避けるといった問題が、親密な性愛関係では目立たなくなる場合もあることだ。パートナーへの信頼が大幅に高まった結果なのか、それとも「愛」の実態に関係するものなのか、一言で語るのは難しい。しかしながら、私が言えるのは、コミュニケーションが苦手で相手の意図の理解に相当の問題を抱えている人びとにとって、恋愛は難しいかもしれないということだ。

たとえば私は、誰かに言い寄られているかどうかを感知するのが絶望的に苦手だ。単純に相手がいい人だったということにして、5~10年後くらいに実はアプローチされていたと気づいて冷や汗をかきながら目を覚ます。こういう状況の場合、たいてい自分も相手に惹かれていて、口説こうとさえしていたのだからやっかいだ。粉をかけることはできるのに、明らかに粉をかけられても気づかない。**問題は恋愛というものが、私がこれまでさんざん文句を言ってきたほのめかしゲームのエクストリーム版**ということである。お互いに惹かれ合っているかどうかをはっきりさせるとなると、サインとシンボルで駆け引きする耐えがたいほど複雑なゲームになる。

不幸にも「考えすぎる」という性質を持って生まれた人にとって、現実と希望との狭間にある謎めいた領域を苦もなく進んでいくのは不可能だ。アプローチに見えるあらゆる行為は、ほかの何かで説明できるかもしれない。機嫌がいいのかもしれないし、酔っ払っているのかもしれないし、何らかの誤解があるのかもしれない。そして間違いないのは、どういうつもりかを先走って単刀直入に尋ねてはならないということだ。ほかのＡＳＤ者だって、そんなことはしない。われわれＡＳＤ者が定型発達の社会的慣習を身につけたことで、いかに不利益を被っているかを示す良い例である。あるいは、こと恋愛となると、どのような脳タイプであれ明快にはふるまえないという悲しい例である。

その代わり、私たちは難易度の高い求愛ダンスに挑戦し、偶然にもいくつかの動きがうまくいくことを祈るしかない。少なくともそれで、すべてが台無しになる前に恋愛関係のステージに進むには十分である。もっとも、明快で率直なやりとりがほぼ皆無であるにもかかわらず、ASD者はほかのASD者とも定型発達者ともうまく関係を築いているようだ。ASD者同士がうまくいくのも、うなずける話である。だがそれを、「ASD者は皆、すべてのASD者とうまくやれる」と拡大解釈してはならない。これはスコットランド人同士ならみんな仲良くなれるというのと同じく、単純化しすぎたばかげた言動である。**ASDの人びとは（さすがは人間だけあって）実に多様であり、ASD者同士なら必ずぴったり合うとは保証できない**。実際、ASD者の特性でさえ、驚くほど対立することがある。ASDの作家ジョアン・リンブルクが私に言ったように、「ある人に必要な刺激は、別の人にとっては地獄のような感覚刺激になりうる」のだ。この不幸な衝突を実際に経験した者としては、まったくもって同感である。

とはいうものの、ASD者同士は良きパートナーになりうると言っても差し支えないだろう。「人と違っている」という経験をわかちあうことは、「特別な興味」を共有するのと同じくらい、二人の仲を大いに縮める効果をもたらす。ＳＮＳ上では、多くのＡＳＤ者が「平行遊び(parallel play)」の楽しさについて話している。平行遊びとは、ＡＳＤのカップルが同じ場所にいながら、それぞれ自分の「特別な興味」（詳しくは第４章を参照）に没頭することである。デートとしてこの上なく幸福なものだと、私は心から思っている。

抱擁、キス、セックスといった肉体的な行為に関しては、例によって感覚過敏が問題になる傾向がある。特にセックスともなると、感覚をかなり強烈に刺激する。セックスに付随する膨大な量の接触がＡＳＤ者を圧倒させることがあると理解するのは、さほど難しくはないだろう（そう願いたい）。そしてその行為自体の……不快感は言うまでもない。私は温度、湿度、汗などに強く反応する感覚過敏の持ち主だが、このことが性行為でちょっとした問題となる。問題になるのは、映画のロマンティックなセックスシーンで省かれるようなこと、たとえば性交直後のベッドの染みの上で寝るようなことだ。濡れた場所で寝るのは不快なので、性欲にまつわるさらなる問題を引き起こしかねない。定型発達者がＡＳＤ者と性的な関係を持つ場合、セックスへの欲求と感覚面での嫌悪感のバランスをとることがいかに難しいかを認識しておくといいだろう。双方がより快適で満足のいく性行為ができるように、実りある対話を重ねる余地は常にあるはずだ。

次章に進む前に、ＡＳＤ者の恋愛にまつわる脆弱性《ヴァルネラビリティ》について簡単に触れておこう。最近ＡＳＤがらみで知った興味深い言葉に、「メイトクライム」というものがある。この言葉は、**友人だと信じていた人から虐待を受けたり、不当に利用されたりすること**を指す。残念ながらこれは、ＡＳＤ者がよく経験する問題だ。私たちの信頼につけこんで、たとえばお金を要求したり、感情を操作したり、虐待したり、果ては性行為を求めたりなどの問題を起こす人がいる。ＡＳＤ者がメイトクライムの被害に遭いやすいのは、だまされやすいからというよりも、人を信じやすいせいである。特に親切にしてくれた人のことは、かなり信頼してしまう。

「メイトクライム」はＡＳＤ者特有のものではなく、トラウマに起因するものである。しかし、ＡＳＤ者はそれまでの人生で強烈なトラウマを負っている人が非常に多いので、重なる部分が大きいと言える。優しそうに見える人はわけなく私たちの信頼を勝ち取って、混乱を引き起こすことができる。それが彼らの目的であるならば。もしＡＳＤ者が身近にいるのなら、油断なく目を光らせ、会ったばかりの人の人格を吟味する手助けをしてあげてほしい。くれぐれも威圧したり、見下すような態度はとらないこと。相手に悪意があるのではないかと心配になったら、その情報を共有してあげて、ＡＳＤ者の第二の目となり耳となってあげよう。そうしてくれれば、ＡＳＤ者が誰かの不愉快なたくらみに巻き込まれずに済むかもしれない。

第3章

靴ひも結び、その他の日々の困難

Tying Shoelaces and Other Daily Challenges

「発達凸凹」であるということ

最初に一つ輪っかを、次にもう一つ輪っかを作る。ああ、一つ目の輪っかが崩れた。そしてもう一つの輪っかは……しかしこれはどういう仕組みになってるんだ？　どうやったらこのクソみたいな靴ひもをその位置にもってこれるっていうんだ。それを通してその輪っかを結ぶだって？　こんなのただの言葉の羅列じゃないか。私は諦めた。汗一つかかずにこんなことができる人間なんて、いるわけがない。

18歳のとき、私は家族と一緒にスロベニアの美しい片田舎で休暇を過ごした。大学へと飛び立つ前の、子ども時代最後の思い出づくりのような旅行だった。休暇中はそれなりにストレスもなく楽しめたし（ASDらしい休暇の過ごし方については第7章を参照されたい）、食べ物や飲み物はおいしく、量も申し分なかった。しかし、この旅行の思い出について両親に尋ねたなら、どちらかが不機嫌そうに咳払いをして、一言こういうだろう。「靴ひも」。

インディーロックと関連ファッションの世界に目覚めたばかりの18歳の私は、永遠に続くかに思われた問題に対するエレガントな解決策にたどりついていた。何年もの間、私は靴ひもを結ぶのに苦労していたのだった。学業成績が良く、大学入試にもきわめて高い期待が寄せられるかなり優秀な10代だった私は、靴ひもが結べないという終わりなき羞恥に耐えていた。靴ひもを結ぶという行為は絶望するほど複雑で、全体が適切に機能するように結び目の各段階がたまたま噛み合うという幸運の連鎖が続かないと成功しないということを、私は発見した（発見、実際にそうなのだ。いまだにこの気持ちは消えていない）。どちらの靴ひもにも、メインの結び目を邪魔するような位置に、過去の戦いの遺物である余計な結び目はないだろうか。私の指は今日も言われたとおりに動いてくれるだろうか。勝手に向きを変えてややこしい冒険の道に進んだりしないだろうか。10代の私には、そのすべてが耐えがたく、何もかもが朝を台無しにするまったく不必要なものに思えた。結び目が無駄にほどけるたびに、一日に3回も4回も5回も膝をついて、繰り返しこの難題に立ち向かわなければならない。

幼い頃はマジックテープのスニーカーを履いていたが、10代後半ともなるとそんな自己イメージ破壊行動をしてただで済むわけもなかった。むろん私はファッションリーダーなどではなかったが（趣味でプラスチック製のミニチュア兵士を集めていた）、そんな私でも上級生用の談話室にかわいらしくて履きやすいマジックテープのスニーカーで現れたら、確実に嘲笑の嵐にさらされただろう。とても耐えられない。しかし、ギターロックとそれに付随するファッション（2000年代初頭、ボロボロのコンバース・オールスターを履いていたザ・ストロークス全盛期だ）に興味を抱きはじめたばかりの私は、シンプルで美しい解決策を思いついた。

靴ひもをほどいたままにするのだ。完璧だ。

だらしなさに無頓着であることがかっこいい。それは私にとって、救世主となる美意識だった。今となっては、ファッションの勘所を盛大に読み違えていたと認めざるを得ない。黒いコンバースのハイカットの靴ひもをほどきっぱなしにして、歩くたびに脛にパタパタ当たるのがかっこいいと思い込んでいたなんて。だが、当時は止められなかった。**おおかたの5歳児がこなせるような作業ができないという屈辱に、ようやく毎日直面しなくて済むようになったのだから。**休暇中の私は、まるで人生自体の裏技を発見したかのように、スロベニアの湖や町を歩き回った。両親は、私とすれ違うたびににらみつけてくるドイツやオーストリアの観光客に申し訳なさそうな顔をしながら、後ろをついてきた。父は何度となく、次第に怒気を強めながら「靴をちゃんと履いてくれ」と言ったが、私はそのたびに思いのほか強い口調で抗議し、靴ひもを結ぼうとはしなかった。

問題は、なぜ靴ひもを結ぶのがこれほど難しいのか、自分でもわかっていなかったことだ。

たとえば、発達性協調運動障害の診断を受けていたわけではない。それどころか、そんな障害の名前すら聞いたことがなかった。ＡＳＤの診断がくだるのも、15年先の話である。私がわかっていたのは、私にはこの特殊技能が恐ろしいほど欠けていて、ボールをキャッチしたり、投げたり、蹴ったりする能力がどこまでもないのと同じく、それが自分を落ち込ませるということだけだった。こういう身体的な不器用さについて自分を責めずにはいられなかったし、正直に言えばこういう不器用さすべてが、芽生えたての男性としてのアイデンティティをズタボロにした。90年代後半の学校で男であるということは、身体能力の高さがすべてだったのだ。少なくとも、それなりに協調してボールをキャッチしたり走ったりできなければならなかった。しかしこれは私の手に余ることで、嘲笑を浴びるのは当然のなりゆきだった。そこにほんの一部でも解決策が見つかるということに、解放感を覚えていたのである。簡単に諦めるわけにはいかなかった。

ＡＳＤ者の生活は、はたから見れば驚くことだらけだろう。基本的な日常作業がどうしてもできない一方で、圧倒的に複雑で困難な仕事をやすやすとこなしてしまう。前者は、私たちにも、できない本当の理由を理解していない周囲の人びとにも、強烈なフラストレーションをもたらす。一般的な作業が難しいことは、ＡＳＤ児が学校から「困難な子」とみなされる理由としてよく挙げられる。

ＡＳＤ界隈では、この現象を「発達凸凹（spiky skillset）」と呼ぶ。得意（凸）なスキルはとことん突出しながらも、苦手（凹）な分野は屈辱的なまでに能力が低い。もしあなたにＡＳＤ者の知り合いがいれば、彼らも同じくハリネズミのように凸凹したスキルの持ち主だろう。はたからは脈絡がないように見えるので、ＡＳＤ者は予測不可能だと思われやすく、枠にはめたり分類したりするのは難しい。これは私たちの基礎をなす部分であり、私たちが世界と関わりを持とうとするとき、おそらくほかの何よりも現実的な問題を引き起こす。

たとえば私たちは、立派な施設での講演の準備をしながら食事を摂ることを忘れてしまったり、優れた画家やダンサー、すばらしいプロジェクトに取り組むアナリストでありながら、気づくとシャワーを浴びるなどのセルフケアに手が回っていなかったりする。あるいは、いやになるほど計画的に一日を過ごす能力がさっぱりないのに、ＳＮＳでは爆発的な人気を誇るアカウントを運営しているかもしれない。これらすべてが私たちの人生にどう影響するかを説明する前に、能力の格差が生まれる原因を、もう少し深く掘り下げてみよう。

この章の冒頭で、私が10代の頃に靴ひもを結べなかったことを告白した。それから20年が経ち、38歳になった今でも、私は靴ひもが結べない。ＡＳＤ者にとって、これはよくある問題である。その原因はさまざまだ。第一に、ASD者の多くに発達性協調運動障害がある。これは手、腕、足を適切に協調して動かすことが困難な障害だ。そのせいで、多くの人は不器用で、転んだり頭をぶつけたり自分の目を突いたりしやすく、体育の授業中に投げられたボールが自分の手をするりと抜けていくのをただ見つめ、ほかの生徒に笑われたりする。脳が意図するところと体の動きとの間に断絶があり、見ている分には滑稽でも、当の本人はひたすら落ち込む。一方で私は、ギターを弾くことができるし、ゲームや前述の小さなプラスチック製の兵隊にペイントすることはそこそこ得意だ。どれも微細運動技能とていねいで細かな動きを必要とする。だから、発達性協調運動障害ですべてが説明できるわけではないことは明らかだ。

第二の原因は感覚的なもので、少なくとも私には当てはまる。私は靴ひもが生理的に大嫌いなのだ。靴ひもは汚れや水たまりや犬のフンにまみれた地面で引きずられ、痛めつけられた災いのしっぽである。それを指で、そう、食事に使うのと同じ指で、難しく複雑な模様になるように注意深くからめて操らなくてはいけない。それを何度も繰り返さなくてはいけないのだ。その結果、私はこれ以上手を汚したくない一心で作業を急ぐことになる。私たちは感覚の問題がASD者の行動にどのような影響を与えるか、すでに理解している（少なくとも、これ以上説明する必要はないだろう）。ここにあるのは接触不安による回避行動だ。さらにそこに、前かがみになって膝や背中がねじれるという不快な感覚も加わる。これはエーラス・ダンロス症候群（関節や皮膚が通常よりはるかにしなやかで伸縮性があり、強い痛みや不快感を引き起こす症状）によって増大している可能性もある。

最後に、ひもを結ぶという行為には気が滅入るものがある。どんなに注意深くやっても、20分もしないうちにゆるんでほどけてきてしまうのだ。何らかの重要な情報、問題を解決するのに不可欠なステップが欠けているような気がしてしまう。そしてそれは事実だった。私は35歳になってようやく、その情報にたどりついた。よりにもよって、Reddit［アメリカ発の掲示板型SNS］の投稿で（この件で大人の友人たちにアドバイスを乞う気にはなれなかったのは確かだ）。その投稿によれば、一つ目の輪っかを作るとき、もっと慎重に向きを調整する必要があった。最初のシンプルな結び目を作る際に、それがもう一つの輪っかの下にくぐらせる紐になるからだ。まずそれを輪っかにして、残りを完成させればいい。簡単だ。それで立ち上がった瞬間にほどけない結び目になる。繰り返すが、私は35歳だった。この気づきが私の人生を変えたと言っても大げさではない。靴ひもが数秒以上結ばれた状態でもつなんて。あなたは靴ひもを結ぶとき、おそらく立ち止まってはじめにどの輪っかを作るか考えなければならないだろうが、それでもおそらく何千回も同じように、何も考えずに続けてきただろう。

それだから私は、靴ひも結びが嫌いだったのだ。

金銭管理の問題

こういうことは、靴ひも結びに限った話ではない。ASD者の多くにとって、成人期はとんでもなく難しい時期だ。**まじめな話、18歳から21歳までの間に習得しなければならないことが、あまりに多すぎる**。そもそも生き延びる人がいるのが不思議なくらいだ。ASD者のなかには、大人になってからうまくやるのに苦労している人が多い。手に負えない日常業務があまりに多く、それを習得するためのサポートが不足しているためだ。よくあるもう一つの問題は、金銭管理ができないことだが、この問題は安定した雇用を得られないことでさらに悪化しやすい。私たちが住むこの世界では、お金はかなり重要である。一般的に言ってASD者はさまざまな理由から、暮らしに十分なお金を確保し、維持するのが難しいと感じている。この問題が特にはっきりあらわれる痛ましい実例を挙げよう。サブスクリプション（定額制サービス）の無料トライアルである。

この話を説明するには、時代を少々さかのぼらなくてはいけない。私は成人初期の混沌とした悪夢を、ラフボロー大学という比較的安全な避難所でうまく切り抜け、どうにか学位を取得できた。そしてクレジットカードを3枚作り、自活のためのローン（もちろん通常の学生ローンに加えて）を組んだ。ファストフード店への就職という形で安定した収入がもたらされ、ようやく現金を使うばかりでなく、貯めることができるようになったのだ。私はすぐに雑誌の無料購読を申し込んだ。このこと自体、ある意味では快挙である。なにしろ電話で申し込み手続きをして、銀行口座を教えたのだから（ネット申し込みが普及するのはこの数年後のことである）。当日の朝、ベッドの後ろに落ちていた銀行のカードを見つけたし、手短な電話のやりとりなら、奇妙な沈黙が続こうが視覚情報がなかろうが、なんとかなるという自負もあった。その日は一日、ほかに心を煩わせるようなこともなかった。スケジュールがはっきりしていると、こういうことに必要なエネルギーがわいてくるのだ。こうして電話一本で、私は映画雑誌『エンパイア』の3カ月分の無料購読権を手に入れたのだった。

3カ月が過ぎた。1年経ち、2年経ち、ようやく5年後、私はその定期購読を解約した。といっても、実際には3年以上、1冊も手元に届いていなかった。家を引っ越したものの、定期購読の会社にそのことを伝える手段がなかったためだ（もう一度電話をかけるのは無理だった）。

私はラフボローに住む誰かに長い間無料の定期購読をプレゼントし、すっからかんの小さくわびしい財布から支払っていたのだ。私はもともと、３カ月の無料トライアルが過ぎたら解約するつもりだった。無料購読の権利を主張し、悠々と気取って現金を数えながら立ち去るつもりだった。しかし、人生とＡＳＤであることが邪魔をした。

私はこの件で３００ポンドほど失ったと思う。当時は小さな中古車が買えるほどの金額だ。これはほんの一例にすぎない。私は最近、科学的精神を発揮して、ツイッター（現X）で世論調査を行い、どれだけのＡＳＤ者が「無料トライアル購読」の罠にはまったかを調べた。不幸な人間は仲間を求めるのだ。結果は衝撃的だったが、予想できないものではなかった。ＡＳＤの成人の大多数（１０００人以上の投票のうち約75%）に、同じようなエピソードがあったのだ。「あなたはいくら損したと思いますか」という問いに対する最も一般的な回答は、３００ポンド以上だった。**誤解を恐れずに言えば、責任はこのような手口を使う企業にある。**なにしろ彼らは、自分たちが何をしているのかわかっているのだから。解約を忘れる人に依存したビジネスは、不均衡に障害者ばかりが食い物にされやすくなると私は考える。とはいえこれは、ＡＳＤ者が直面する（一見）取るに足らないような困難が、いかに細かいところに影響を及ぼすかを示す非常に良い例である。定型発達者の多くが同じような体験をしていても不思議ではないが、ＡＳＤ者ほど量は多くないし、普遍的でもないだろう。

なぜこういうことが起きるのか。最も重大な理由は、（今回ばかりはこの言葉を喜んで使うが）「遂行機能」の欠如である。**遂行機能は、計画、優先順位付け、整理整頓など、大人の人間が適切に機能するための一連のスキルを指す言葉だ。**私たちＡＳＤ者は、その機能が若干……オフになっている。誰かがこの特定のソフトウェアをインストールし忘れて、それ以外のあらゆる脳の領域が通常の仕事に加えてその仕事をこなそうとしているような感覚だ。必要なグラフィックカードもないのに、最新のゲームを動かそうとするコンピューターのように。ご想像のとおり、これはあまり効率的とはいえず、たびたびうまくいかなくなる。

もしＡＳＤ者一人ひとりに煩わしい手続きをやってくれるパーソナルアシスタントがいたら、どんなにすばらしいだろうと私はよく考える。どれだけ多くのことが成し遂げられるだろうか。もっとも、それどころか私たちは、気づくと未払い請求書と忘却した予約に取り巻かれ、お金や時間、大切なチャンス、さらには医療にかかる機会さえも失っている。脳の重要な部分を幽霊に引き渡してしまったのかと思えるほど、物忘れが多い（私の場合は笑えるほどしょっちゅうだ）。それが積み重なって取り組む気力を失い、最終的には手に負えなくなって、対処しようとするのがひたすら怖くなるのだ。

こういうヘマばかりしている人生は、経済面にとどまらない問題を引き起こすことがある。**少し「ダメ」な状態に慣れると、悪循環が起きて、生活における小さな失敗が渦巻き状に大きくなってしまう**。これがうつとシンクロして（その因果関係は非常に興味深い。これについては後述しよう）、本当の苦しみを引き起こし、家まで失いかねない。それは仕事の締め切りに間に合わなかったり、上司との重要な会合を欠席したりすることから始まることもある。私の場合は、終業後の研修をすっぽかしたことから明らかに加速しはじめた記憶がある。完全に忘れていたのだ。オンラインカレンダーに書き込んでいたのだが、なぜかその予定を確認するたびに予期せぬことが起こり、短期記憶がまるっと消えてしまっていた。

これはよくあることだ。たとえば、ToDoリストを見て、あと10分以内に緊急でやらなければならないことがあると気づく。ところがやろうとしたところで誰かに話しかけられたり、壁紙の面白い模様に気づいたり、ヘリコプターが頭上を飛んだりすると、すぐにそのことを忘れてしまう。やらなければならないという考えは跡形もなく消え、考えたという痕跡すら残らない。気がつくと6時間後で、タスクは絶望的に遅れているが、自分の失敗が頭から完全に消えているので、まだ至福の時を過ごしている。運が良ければ、数日以内にタスクを忘れていたことに気づくだろう。運が悪ければ、まったく知らされることなく、私の恥ずべきタスクの遅れが「あいつをクビにする理由」リストに無言のまま加えられていくのである。

遂行機能障害

　このような失敗を積み重ねれば、人生を破壊する恐れがある。だが、ＡＳＤの診断時に遂行機能障害について教えてもらうことはあまりない。ましてそれに対する支援は……まあ、まったく存在しない。実際、ほとんどのＡＳＤ者には、診断後の支援が一切ない。私は自分がＡＳＤだと確定したとき（おめでとう！）、『自閉症だとわかったら――これからどうするか』『おやおや、あとで変な気分になっちゃうよ』とかいうタイトルの画質の悪いコピー製のパンフレットの束を手渡され、当惑したことを覚えている。そのどれもが、地元の図書館に行ってさらに詳しい情報を探すようアドバイスするものだった。以前（もちろん前述のとおり何年も前のことだが）住宅保険会社を変更したときのほうが、はるかに親切なサポートを得られたぐらいだ。

　私は病院を出たが、頭の中は聞けなかった疑問で一杯で、完全にさまよい、混乱していた。幸運なことに、当時私はすでに重度のうつ病のカウンセリングを受けていたので、少なくともその意味を理解する手助けを安全な環境でしてもらうことができた。しかしそれでも、まるで地図に載っていない暗い森に捨てられたような気持ちになり、一体何が起こっているのか理解するのに苦労した。悲しい現実だが、NHSはASD者に学習障害などの合併症がない限り、継続的な支援を提供していない。合併症がある場合の支援ですら受けるのは厳しく、不当に門戸を閉ざされることがよくある。

　こうして私たちは、大惨事にはいたらない事故をときどき起こしながら、常に崩壊の可能性を抱えて生きていく。ASDの成人の失業率、ホームレス率、自殺率は非常に高く、ASDの成人が自殺を試みる確率は、一般人口の3倍である*。このことに驚く人はいないだろう。**自分は人とは異なる存在であり、それゆえ社会の集団力学に守られていないという感覚に、日常的なミスが加わることで、大半の私たちの就業がきわめて不安定なものになる。**就業という列車から降りれば、ホームレスになるという真の危機が迫ってくる。ASD者として、安全安心な家と呼べる避難所がないことより悪い状況は考えられない。英国のホームレス人口の約12％がASD者であり、これは一般人口におけるASDの割合を最大に見積もった数字よりも、は

＊ K. Kolves, 'Assessment of suicidal behaviors among individuals with autism spectrum disorder in Denmark'（デンマークにおけるASD者の自殺行動の評価）, JAMA Network Open, 12 January 2021.

るかに大きい数字である。つまり、家と呼べる場所を持たず、声もあげられず、代理人もいない脆弱な立場のＡＳＤ者が何千人もいるということだ。そのうちの何人が、診断のあとで役に立たないチラシの束を渡されるだけで帰されたのだろうか。国家的スキャンダルとしてはかなり大規模だ。

なんとか仕事を続け、住居を維持できたとしても、私たちは内なる無秩序とストレスを具現化したような生活をすることになる。そのため私たちの中には、家をきれいに保ったり、もっと重要なことだが健康を維持したりといった日常的な作業に手が回らなくなるという人が多い。電球を交換するのにＡＳＤ者は何人必要だろうか。答えは１人だ。私たちは馬鹿ではない。だが私たちは電球の交換にとりかかる前に、１年かけて暗闇の中で生活する方法を学ぶだろう。私の家で起きる不具合はすべて、それなしで生活する方法を見つける学習アドベンチャーになる。

何が言いたいかというと、私は自分のことをよくわかっていて、自分が問題を解決できる可能性がきわめて低く、最悪修理に来てもらわなければいけないという認識があるので、不具合の起きた設備やサービスなしでやっていく方法を習得するのは理にかなっているということだ。バスルームが何らかの理由で使用不可能になるとしよう。たとえば、シャワーの湿気に気づかず、下の部屋の天井が驚くほどふくらみ始めたような場合だ。そうなったらその部屋を放射能汚染されたがごとくに封鎖し、ドアを封印して部屋の存在を忘れ、残ったバスルームを最大限に活用する。それはほとんどシャワーが置かれた押入れである。アイロン台が壊れたら、床にタオルを敷いてアイロンをかける。もっといい解決策は、アイロンがけを完全にやめることである。オーブンが動かなくなったら、オーブン調理をやめて、豆料理や炒め物などのバラエティに富んだ食事で生き延びる。

もちろん、これはまったくまともな生活ではない。こういう問題を無視するのは、長い目で見れば苦しみがより大きくなるだけだ。だが、ほかに選択肢があるだろうか。私自身についていえば、エネルギーが限られているので、この手の問題を一つひとつ解決していくのは不可能に感じられる。何らかの補助的サポートが登場しない限り、回避策を見つけるしかない。そして家がだんだんボロくなっていくにつれ、心の中にいる家主がますます大きくそびえたち、追い出される恐怖が常につきまとうようになる。全国に何千、世界中に何十万とある苦しい世帯でこのようなことが起きていると想像すると、ホームレスの数字がいっそう憂慮すべきものに思えてくる。

救いは、こういう困難を抱えたＡＳＤ者を助けるためにできることはたくさんあるということ

とだ。実務をこなせないこと自体を解決するのは難しいが、実務面で良質な手助けを受けられ、周囲に適切な共感を示してもらえれば、そこまでひどい経験をせずに済む。靴ひも結びの問題をもう少し詳しく考えてみよう。これは身体の協調、忍耐力、記憶力の問題であり、ＡＳＤ者であろうとなかろうと、誰もがときおり苦労することである。**違いは、一般的に定型発達者にとって靴ひもを結ぶのは公園を散歩するようなもので、それが難しいと感じる人には共感しづらいということ**である。

それどころか、保育園で習うとされるようなことができないのは異常であり、どこかおかしいのではないかと受け止められる。キャッチボールができなくてバカにされる状況がより強烈になった状態を考えてみればいい。こうして靴ひもを結べずに苦しむ私たちＡＳＤ者は、本人が異常で間違っているとみなされる。これは、避けられないのが悔しいくらい容易に解決できる。必要なのは、忍耐力と共感力を高め、思いやりを育むだけなのだから。もしあなたの25歳の友人が靴ひもを結べないのなら、（おこがましくも言わせてもらえれば）あなたの信じられないという態度、イライラ、非難の視線こそが状況を悪化させる。そういう態度は、その人なりのペースでできるようになるのを妨げるだけだ。

ルーティンへのこだわり

私は自分のＡＳＤ的特性に、奇妙な迷信めいた雰囲気をまとわせてきた。迷信（superstition）と言っても、ごくありふれたものに基づいた迷信もどきである。この超自然的要素のない迷信は、あるパターンや行動が人生に最高の結果をもたらすととらえ、それを繰り返したいという切実な願望であり、いうなれば super（超）抜きの「stition」である。「験担ぎ」という概念は誰もが知っているだろう。プロのスポーツ選手が競技の際にいつも「幸運の靴」を履いたり、試験の合格を祈って「幸運のパンツ」を穿くあれだ。

ＡＳＤである私の人生は、どうしようもない日々の連続である。そして時折、全体としてはそれほど悪くない日もある。もちろん、私はできるだけ「悪くない」日を維持したいと願っている（どうしようもない日々は……まあ、どうしようもない）。**これを達成する一つの方法は、不確定要素を制限し、同じことを続け、厳密に守るべきルーティン（日課）を設定すること**である。ルーティンのいくつかは、はたから見れば古い迷信のように不可解で奇妙なものに映るかもしれない。

　これまでＡＳＤ者がルーティンを守る必要性や、ルーティンが破られた場合にどれほどひどく苛立つかについて、多くの文章が書かれてきた。たいていそれは、混沌とした世界に秩序を与えるため、あるいは私たちの生活に潜む膨大なストレスに対処する方法として語られる。私もその説に異論はなく、本書の別の箇所でこの二つのメカニズムについて掘り下げるつもりである。しかし理由はもうひとつある。私はここ数年、少しずつその理由を受け入れるようになってきた。**その理由とは、私たちは成功を経験すると、細部にいたるまで徹底的にそれを再現しようとするというもの**だ。おそらく何カ月ぶりかに訪れたすばらしい一日をモデルにして、なるべく完璧に繰り返そうとする。私は一日のあらゆる部分を、できる限り忠実に再現するようにしている。そうすればその日がすばらしく前向きなものになって、日々に潜む無秩序と恐怖に襲われずに済むと思えるのだ。

　ルーティンの例を挙げよう。私は毎朝散歩に出かけるのが好きだ。ＡＳＤとＡＤＨＤを抱えて綱渡りのような生活をする者として、定期的な運動とエネルギー燃焼の必要性はいくら強調しても足りない。散歩自体が、私の人生観と一日を改善する確実な方法だ。しかし、私にとって散歩とはそれだけのものではない。私はいつも同じ方向（玄関を出て左）に向かって散歩を始める。**私の脳と直感が、右に進めば大惨事を招くだろうと告げるのだ。**はしごの下を歩いたり、テーブルの上に新しい靴を置いたりするのを避けるのとよく似ている。もっともその後、私の散歩はさらにコミカルで複雑なものになっていく。

当然、自分の住んでいる町の通りや路地はほとんど歩き尽くしている。散歩は偏頭痛や群発頭痛の定番の治療法でもあるので、なじみのルートはたくさんある。歩きつつ、私の中のナビシステムがそれぞれの交差点ごとに最近の動向を判断する。ダラス・ロードを歩くことが最近役に立ったか、ポジティブな考えや感情が起きたか、数少ない「良い日」の特徴だったか。もしそうなら、私は必ずそのルートを通る。そうでなければ、前向きな気持ちと関連付けられる何かが起こるまで、私はその道を避けるだろう。

どれもあまり合理的とは言えない思い込みなのはわかっている。だが私が言える範囲で断言すると、これはどこへ行くにも私の脳が自動的にたどるプロセスだ。**つまり「ひどい日」になるリスクを避けようとして、私は自分の習慣に延々と固執している。**それは決して軽いものではない。散歩についていえば、一人で、特に行く当てがない場合は問題ない。心のままに歩き回ることができるからだ。しかし誰かと一緒に歩くとなると、ひょいと方向転換してすてきな感じの道に進む自由がいきなり制限されてしまう。そして気づくと悲しみ、ストレス、苦しみなどの悪いことを連想させる道を歩かなくてはいけなくなっている。率直に言って、私が誰かと一緒にどこかを歩くことに耐えられないのもしかたのないことなのである。

同様に、私の毎日のルーティンも、式典や宗教的儀式めいたところがある。もちろん、誰だってかなりありふれたモーニングルーティンをもっているだろう。男が外出する前に行うべきとされる古典的な3つのステップ「クソ、シャワー、髭剃り（shit, shower, shave）」がその証だ（なぜシャワーの後に髭を剃る人がいるのか私には理解できない）。しかし、このルーティンを行ううちの何人が、うっかりまたは必要に迫られて順番を少し入れ替えるとか、最悪何かを取りこぼしてしまったときに、一日全体が崩壊してしまうと心配するだろうか。私の例でいえば、朝の儀式の一部――コーヒーを飲みながらリビングのソファに座ってボーっとツイッターを眺める――をやり損ねたとしよう。私はその後何時間も、強烈な落ち着かなさを感じることになる。自宅から2時間も離れたところでガスコンロをつけっぱなしにしていたことに気づくのと似たような感覚だ。いてもたってもいられない、極度の不安。それは自分の愚かしさから本当に恐ろしいことが起きるのではないかという恐怖に基づくものだ。

独自のルーティンへのこだわりは、世間一般にも俗説として広まっているＡＳＤの特性である。それらはややもすると愛すべきもの、あるいはユニークで面白いものとみられているが、現実はそんなものではない。**型通りの確固たるルーティンに対する私たちのニーズは、ASDでないほとんどの人が思っている以上に強く、逸脱した場合の報いは時に深刻である。**大前提として、ASD者のルーティンに対する欲求を尊重し、その根底にあるものを理解しよう。ルーティンを変えなければいけないときは、その苦痛が大きいことを認識し、軽視しないようにする思いやりが必要だ。ASD者は日々生きているだけで、ストレスと不安と不快感をぱんぱんにため込んでしまう。だから最低限、このように接してもらえると、とてもありがたい。この章で伝えられることを煎じ詰めると、そういうことだ。

無気力を克服する

アイザック・ニュートンは、朝目覚めて何時間もベッドの端に座り続け、日が暮れるまでそこで過ごしていたことが多かったといわれている。頭の中が興味深い思索や思いつきでいっぱいいっぱいになり、それをどこかに追いやることができなかったというのが一般的な説明だ。これは確かにニュートンのロマンティックな神秘性を高める逸話だが、自分を含め多くのAS

D者が日々対処しなければならないことを強く彷彿とさせるものでもある。

歴史上の人物をASDだと「診断」するつもりはない。過去にASDの人びとがいたのは確かで、そのうちの何人かがかなりの名声と富を得たのは大いにありうることだろうと言うにとどめておく。ニュートン（あるいはチャールズ・ダーウィン、エイダ・ラブレス［世界初のコンピュータープログラマーとして知られる19世紀イギリスの女性数学者］、ヘンリー・キャヴェンディッシュ［人間嫌いだったことで知られる18世紀イギリスの科学者］）のような人物はASDであったかもしれないが、確かめることは不可能である。しかし、こうした歴史上の人物の何人かがASDを思わせる特性や性格の「クセ」を持っていたと認めることに、さして害はないだろう。

ニュートンのこの特殊な習慣は、確かに際立っている。

ニュートンが動けず、日常生活を送ることができなかったのは、よく「自閉症的無気力（autistic inertia）」と呼ばれるASD者の特性に非常に近いように思われる。この特性は、遂行機能障害と同様、生活においてプラスよりもマイナスに働く可能性が高い。**自閉症的無気力は、作業や焦点を切り替えられない状態である。**読書などの一つのことに完全に夢中になっている人が、おいしい紅茶を淹れに行くために本を置くことができない状況を想像してほしい。その人は紅茶を飲みたがっているし、淹れ方もわかっているし、本の内容に必ずしも魅了されているわけでもない。本から紅茶へと焦点を移さなければならないのが、大変すぎるというだけなのだ。ＡＳＤ者の脳は、一つの活動に完全に没頭する。その度合いは激しく、それ以外目に入らないことまでである。その集中を軍隊のように撤退させて再編成し、ほかのところに配置するのは簡単ではない。

こういう特性によって、楽しく快いことをしてリラックスしたいという欲求に、身体と脳が積極的に抗うという、興味深くも苛立たしい現実が生まれる。なぜならこの特性は、ほかの活動をしたいという欲求とはまったく無関係だからである（これは、一般的に退屈だとか大変だとかいう理由でほかの活動を回避する先延ばしグセとは異なる）。自閉症的無気力は、ＡＳＤ者に大きな喜びをもたらすようなことを妨げる場合もある。私が長年経験してきた例を挙げると、新しいものを手に入れる瞬間まではとてもわくわくしていたのに、手に入れたとたん嫌になってしまうことがある。たとえば、何年も楽しみにしていたゲームがあるとしよう。開発過程をひたすら追いかけ、開発の遅れを非難し、いつかプレイする日を夢見て過剰なくらい興奮している。とうとう発売日がやってきて、そのゲームを手にすると……急にプレイする気が失せてしまうのだ。

以前はこれを、過度の興奮から生まれた一種のバーンアウト（燃え尽き）だとばかり思っていた。しかし今の私は、自分の脳で何が起きているのかを理解している。**これは脳が一つの現実から次の現実に適応できない状態なのだ。**刺激的な宣伝と期待、それに伴うすべてに過剰に執着してしまい、それを実際にプレーできるという新しい状況に適応できない。ＡＳＤ者が集中を切り替えるには、膨大な時間とエネルギーを要する。私は過去に、それを乗り物の旋回に例えたことがある。定型発達の人は、自動車がＵターンするのと同じくらい簡単にタスクを切り替えることができる。一方でＡＳＤ者は一般的に、遠洋定期船のＵターンのような速度でタスクを切り替えるため、膨大な忍耐力を必要とする。

　十分な時間があれば、集中を切り替えてゲームにどっぷりはまり、おそらく何百時間もプレイすることができるだろう。しかしそれは、私の関心がこのような重々しくも壮大な方向転換を経て、初めて可能になる。生活のあらゆる場面で起きるこうした関心の切り替えの遅れは、ＡＳＤがもたらす大きな障害のひとつになりうる。問題は、それが前述の先延ばしグセや、純粋な怠惰と間違われやすいことだ。何も知らない部外者にとっては、ＡＳＤ者が焦点を切り替えられないことが、とんでもない人格上の欠点と映るかもしれない。それは「ＡＳＤ」という障害の中核的な特性ではなく、どんくさい無能であることの証とみなされ、人間関係や就職などがうまくいかないのもそのせいだと思われるのだ。

自閉症的無気力はきわめて内面的なものであり、ほかの人が積極的に支援することは難しい。しかし、無気力の本質を理解し、忍耐強く接することで、作業や焦点の切り替えに必要な余裕と時間を与えることができる。「こうしなさい」「ああしなさい」とASD者に介入し指示を出すことは、二人の関係がよほど良好でない限り、ほぼ失敗に終わる。第8章で述べるように、私たちの大半は権威に不信感を抱いており、命令が大嫌いなのだ。その上、病理的要求回避症候群（PDA）の問題もある。

これはASDの興味深い「特徴」だと考えられている（ADHDの特徴である可能性もあるが、PDAの正確な位置付けははっきりしない）。PDAについてはネット上で盛んに議論され、そのための団体や慈善事業まで立ち上がっている。とはいうものの、今のところPDAは医学界のすべてに受け入れられている概念ではない。進んで診断を下すのは一部の医師だけである（それ自体、かなり奇妙な状態である）。そのため、PDAはASD当事者の中でも非常に物議を醸す位置を占めている。PDAの存在を確信しているASD者もいれば、同じくらい断固としてその存在を否定する人もいる。私は若干前者寄りのスタンスであるが、それはおもに、自分自身にその特性がかなりあると認識しているからだ。だが、納得できない人もいることは認めなければならない。さらに名称に「病理的（pathological）」という単語が入っているのも、A

ＳＤ者の意見が分かれるところだ。私たちは時間をかけてＡＳＤは病気ではないと定型発達者にわかってもらおうとしてきたのに、ＡＳＤの重要な特性かもしれないものが病気のレッテルを貼られているのである。そういうわけで、私は本書におけるこの短い節を細心の注意を払って書いている。同じくらい注意深く読んでいただければありがたい、とだけ言っておこう。

ＰＤＡとは、「要求」という概念をめぐる一連の行動につけられた名称だ。ここでの「要求」という言葉は、当のＡＳＤ者に対して他者からなされるあらゆる要望を指しており、非常に漠然としている。鬼軍曹が怒鳴りつけるような直接的な命令から、あなたが心から愛する傷つけたくない友人からの優しく穏やかな注意まで、「要求」は多岐にわたる。だが内容は関係ない。「要求」が何であれ、誰からのものであれ、反応は同じなのだから。即座に、そしてしばしば猛烈な反発が起こる。ハスブロ社のボードゲーム「バッカルー」のラバが、プレイヤーにプラスチック製のガラクタを載せられた重みに耐えかねてパキッと折れるようなものだ。要求を聞いた瞬間に返ってくる反応が、完全なる拒否なのである。

ご想像のとおり、これは人と一緒に暮らすには難儀な特性だ。自分の経験を言わせてもらえれば……今朝、台所の窓を開けるように言われて、私の一日は完全に台無しになった。ＰＤＡは恋愛から仕事、学校、初対面の人との不意打ちの交流にいたるまで、他人と関わる生活のほぼすべての部分に影響を及ぼし、それはきわめて目につきやすい。実際、ＡＳＤがまだ一般的には目に見えない障害と呼ばれていることを考えると、これは間違いなく目につきやすい特性であるといえる。人びとがそれがＰＤＡだと知っていればだが。

当然それは、要求から始まる。取るに足らない話を例に出したほうが、この現象を説明しやすいだろう。たとえば、シャワーを浴びてほしいと要求されたとする。さあ、全面開示の精神で洗いざらいぶちまけよう。私はシャワーを浴びるのが心から好きだ。とてもリラックスできるし、精神的にも良い。その上、シャワー後の爽快感は他ではなかなか味わえない。適切な水圧とふかふかのタオルがあれば、シャワーは私にとって世界でいちばん楽園に近い場所だ。しかし、もし誰かが（本当に誰であっても関係ないのだ）私にシャワーを浴びることを勧めるなら、どんな理由があろうとも、その日はシャワーを浴びないだろうと請け合おう。ばかばかしい逆張りにしか見えないと思う。それは理解している。実際いくつかの点でそうなのだ。しかし、**これは自発的なものではないし、選択でもない**。要求に対して反射的に反抗してしまうのは、反射検査で下肢が動くようなものだ。医師が小さなハンマーで私の膝を叩くと、脚が大げさにはねあがるのを止められないのと同じように、頼まれたことを真っ向から拒否したい衝動に抗うことができない。その結果、シャワーを浴びるのがその時の自分にとっておそらく最善の行動であるにもかかわらず、私の脳は言われたことを回避しようとして戦い、シャワーを拒否してしまうのだ。これは、ほんの少し前にシャワーを浴びるつもりだったとしても同じだ。要求や要望がそれを上書きして、シャワーを浴びたくてたまらなかった自分の気持ちを拒否してしまう。この時点で、私はあなたにとって完全に我慢ならない存在に見えているに違いない。悲しいことに、ＰＤＡはあらゆる意味で非常に生きづらい。反射的な反発は、練習を重ねれば抗ったり無視したりできるし、多くの成人はこれを習得していると思う。だが、荒れ狂っている不合理な脳の一部を理性で抑え込むという内なる戦いは続く。たとえうまくいったとしても、こういうときは脳の「処理能力」が落ちているため、誰かに「お茶でもどうですか」と言われるだけで、頭に血がのぼってイライラしてしまうのだ。

このような不快感から、「ＰＤＡ」という言葉にある「回避（avoidance）」が生まれる。要求がなされるたびに、こういう混乱したネガティブな感情にしつこく襲われるのに対処しなければならないなら、そもそも要求を避けようとするのは自然なことだ。そのため、ＰＤＡの要素を持つ（私のような）人間は、莫大なエネルギーと社会資本を費やして、自分に対していかなる要求もなされないようにする。自分がイニシアチブをとって、頼まれる前に物事を終わらせることにつながるなら、こういう試みがプラスになることもある。これがうまくいったときの喜びにまさるものはなかなかない。しかし、それがネガティブな連鎖を引き起こし、孤立を招くこともある。課された要求に対処できず、さらに自分の中に閉じこもり、できるだけ何かを要求しようという気にもならないような人物になろうとする。なにしろ自分の人生からあらゆる人間を遠ざければ、私の時間や関心に対する要求も尽きるだろうから。

無意識のうちになされる対処法としては、実によろしくない。

私は、ＰＤＡと自閉症的無気力は密接に関連しており、同じものが異なる現れ方をしている可能性さえあると信じている。**無気力が、その時過剰に固執しているものから私たちを動けなくする力だとすれば、ＰＤＡはその切り替え中に他人が関わってきたときの当然の帰結である。**ＡＳＤ者は作業や関心の切り替えに問題を抱えているが、そのうち自分なりのやりかたで（理想的には、配慮された平穏な環境で）どうにか切り替えられるようになる。しかしそのゆったりとしたなだらかなプロセスが、外部からの質問、要求、事件（パートナーが何かを頼む、電話が鳴る、ドアがノックされる）によって中断されると、内部で大混乱が起こる。遠洋定期船の方向転換にも似たゆっくりとしたプロセスは、12月初旬にクリスマスの電飾を慎重にほどくのと同じくらい骨が折れるが、それが突然壊れてしまう。私たちの過集中は妨げられ、気分は予測通りの道をたどる。その結果、怒り、苛立ち、絶望、あるいは実際の痛みに陥りやすい。要求をしてきた相手との社会的関係は色褪せ、場合によっては壊れてしまう。そのサイクルは、二度とそのような状況が起こらないように必死に避けようとする方向に続く。そして、私たちが知っているPDAが誕生するのである。

本書ができるだけ有益なものとなることを望んでいるが、PDAに関しては（PDAを実際の診断名として信じるか否かにかかわらず）、基本的に「優しくする」以上の確かなアドバイスを提供するのは難しい。苦労している親や教師から、PDAと思われる生徒を支援する方法について助言がほしいと相談を受けることがよくあるが、言えることはただひとつ、「過集中に気を配ること」だけである。ASD者に何の前触れもなく急な作業の変更を求めることは、確実にメルトダウンを引き起こすやりかたである。作業の変更を伝えるときは、その時が近づいていることを、ゆっくりと段階的に警告するだけでも助けになる。

高速道路同士をつなぐジャンクションを想像してほしい。これがどこからともなく突然出現しないのには、それなりの理由がある、想像を絶する大惨事につながるからだ。その代わり、「あと1マイルでジャンクション9」、「あと1／2マイルでジャンクション9」といった具合に、ジャンクションが近づいていることをドライバーに知らせる標識が一定間隔で登場する。さらにイギリスの高速道路では、いよいよジャンクションに近づくと、ファンキーでやけにエキサイティングなカウントダウンがある（3・2・1・発射！）。とはいえジャンクション自体は、事故車が散乱する90度の急角度ではなく、なだらかでゆるやかな方向変換にすぎないのだ。ASD者の作業の切り替えを高速道路の交差点と同じように扱えば、幸せなASD者を目にする機会も増えるだろう。

そろそろおわかりだろうと思うが、この問題はASDの実態があまり理解されていないことから生じている。理解できない困難を抱えている人に対して、どうやって手助けを申し出ることができるだろう。しかし、理解が得られたなら、次のステップに進めるはずだ。

- 家事管理の支援を申し出る（あるいは不要な定期購読・サブスクリプション契約を解約してあげる）。
- 学年を問わず、ASDの生徒に靴ひも結びの技術を少々時間を費やして説明してもいいかもしれない。ASDの生徒や成人には、より実践的な手助けを提供することができる。教える際は、相手への尊重が必要だ。くれぐれも見下したり、これ以上恥ずかしい思いをさせたりしないよう気をつけよう。

● そして究極的には、本人が満足していれば私たちＡＳＤ者が支援を拒否してもいいということへの理解も必要だ。なにしろ私たちには個人としての誇りと自立したいという願望があるのだから。とはいえ、断る機会があるくらい親切な支援の申し出があったら、どんなにすてきだろう！

たぶん私たちは、ＡＳＤの成人に対する見方を大きく転換したほうがいいのかもしれない。能力のないダメ人間でもないが、完全に問題がないというわけでもない。私たちは発達凸凹で、そのおかげで成功していることもあれば、成人としての生活に困難を抱えているところもあるのだ。

第4章 趣味を超えて

More Than a Hobby

「特別な興味」とはどれほど特別なのか

ここ数十年、「特別（special）」という言葉の意味が揺れている。この言葉を使うたびに、その意味するところが何なのか純粋に戸惑ってしまうくらいだ。1990年代は、特にイギリスにおいて「障害（disability）」に代わる言葉として用いられたことで、いじめっ子の罵り文句のような侮蔑的な意味合いが強まりそうな空気があった［イギリスの特別支援教育においては、特別な教育的ニーズ（Special Educational Needs）という概念がある。これは医学的診断に基づく「障害」とは異なり、学習上の困難がある子どもが必要としているニーズとその教育的対応について言及する用語である。1981年教育法によりイギリスの障害のある子どもの教育は、障害カテゴリを基にしたものから、特別な教育的ニーズを基にしたものへと変更された］。もっとも、侮蔑の意味の痕跡はわずかに残っているものの、その罠にはまることはなかったように見える。とはいえ私たちは過去をいったん脇に置き、このようなニュアンスにできるだけ邪魔されることのないようにこの言葉を扱う必要がある。というわけで、私が「特別な興味（special interests）」について語るとき、そしてこれからこのフレーズを多用するときは、「特別」に「より優れた、より強い、通常とは異なる」といった意味を込めていると思っていただきたい。

ＡＳＤ者の多くは特別な興味を持つ。これはＡＳＤにかなり共通してみられる現象のひとつであり、ＡＤＨＤなど他の発達障害にもみられるくらい普遍的である。特別な興味は、私たちにとって非常に重要で、定型発達者の標準的な趣味よりも脳内で大きなスペースを占めているように見える。それらは激しく感情をゆさぶり、執着といえるレベルで私たちを夢中にさせ、いつも心から離れない。私たちの心の栄養であり、精神的な支えである。ほかのすべてが絶望的に思えるときでも、（少なくとも私にとっては）人生に意味を与えてくれるほど重要なものだと感じられる。要するに、特別な興味は重要であり、ＡＳＤの特性のひとつとして広く知られている。**しかしこれまで何度も見てきたように、世間の認識は単純化されたステレオタイプや思い込みによって汚染されていることが多い**。ではまず、その話から始めよう。

ＡＳＤ者の特別な興味として知られる典型例が、鉄道である。ここに疑いの余地はない。この特定の交通手段が、どういうわけかＡＳＤ者の興味の対象の定番ということになっている。それは大衆文化におけるＡＳＤ観に深く埋め込まれ、偏ったＡＳＤ者像が生まれる一因となっている。「機関車のおもちゃで遊ぶシスジェンダーの白人の少年」というあれだ。鉄道が大好きなＡＳＤ者もたくさんいる（私もその一人）とはいえ、何千人、いや何百万人ものＡＳＤ者は、交通手段は何でもいいと思っているだろう。『きかんしゃトーマス』は（奇妙な超植民地主義的／巨大資本主義的メッセージはさておき）すばらしい絵本ではあるが、この絵本が好きでおもちゃを集めることは、決してＡＳＤの普遍的な特性ではない。

ＡＳＤ者の特別な興味の対象は、ＡＳＤ者と同じくらい多様である。ＡＳＤ者は持てる時間のすべてを費やしてそれについて考える。興味の対象に制限はない。一人静かにじっくり取り組む性質のものもあれば、ほかの人と行う身体的な活動もある。私が実際に知っているＡＳＤ者の特別な興味の対象は、吸血鬼ドラマ『バフィー～恋する十字架～』、ビートルズ、ゲーミングＰＣの自作、潜水艦、ストリートダンス、牛、ゲーム『ソニック・ザ・ヘッジホッグ』、お菓子作りなどさまざまだ。もっとも、興味の対象は実に多様であるにもかかわらず、その興味の楽しみ方は共通する性質がたくさんある。

第一に、これらの特別な興味は、気分を整え、ストレスとうまく付き合うのに役立つ。これは見過ごされがちだが、非常に重要な要素である。

第二に、クラブ、ファンダム［熱心なファンによって形成される世界］、同好会など、所属する社交集団を見つけ、維持するのに役立つ。他人と交流する方法を見つけるのに苦労しがちなＡＳ

D者にとって、これはかけがえのないメリットだ。

第三に、興味の対象が生計を立てる手段のひとつになることが多い（必ずそうなるわけではないが）。どのようなテーマであれ集中して取り組めば、ほぼ必然的にかなりの専門家になれる。そのため、自分の興味で少しばかりお金を稼ぐことは十分に可能であり、ＡＳＤ者のなかには興味を基盤としてキャリアそのものを築き上げることに成功した人もいる。

私は自分の特別な興味についてさんざん書いてきた。それについて一冊の本をものしたことがあるくらいである（自著『私が話したいこと　ＡＳＤ者の特別な興味はいかに人生をつくりあげるか（What I Want to Talk About: How Autistic Special Interests Shape a Life、未訳）』は誰に聞いても一読の価値があると評判だ）。だから、私の愛と情熱をすべて伝えたいという衝動に押しつぶされそうになりつつも、ここでもう一度詳しく説明するつもりはない。その代わり、これらの興味がどのように機能するのか、そしてＡＳＤ者にとってそれらがどれほど重要なのかを述べようと思う。なお、レゴや『マインクラフト』についての言及箇所はあくまで付随的なものであり、決して自分の興味についてすきあらば語らずにはいられないＡＳＤ者の欲求を象徴する永久保存資料ではない、と申し添えておこう。

嵐をやり過ごす穏やかな港

ストレスや不安に満ちた生活は、多大な健康問題を引き起こしかねない。私は時折、慢性的なトラウマやそれに伴うストレスのないＡＳＤ者などいるのか、ストレスの多い意思疎通のミスを延々繰り返すことなく、いじめや無視も一切経験せずに学校や家庭生活をうまく切り抜けられるＡＳＤ者などいるのか、と大げさに尋ねられることがある。エイリアンみたいで想像がつかないが、そういう人もいないとは言い切れない。

私たちが「ＡＳＤ的行動」と見ているものの多くは、長期間繰り返されてきたトラウマ的出来事に対する通常の反応の集積である可能性がきわめて高い。これは痛ましい見解だし、これについて考えて何度も夜眠れなくなったことがある。しかし結果がどうあれ、深刻なコミュニケーション障害と感覚過敏がもたらすこの継続的なトラウマによって、ごくありふれた日常の中で非常に強い恐怖、不安、パニックを経験しがちなＡＳＤ者は多い。このようなストレスの霧が立ち込めたときは、何らかのセーフティネットに倒れ込むことが不可欠である。そこで特別な興味の出番となる。

私がこのようなことをひんぱんに経験したのは、中学校で英語を教えていたときだった。授業のたびに、目の前の学級のことでパニックになり、自分は仕事ができないのではないかと幾度となく悩んだ。あらゆる証拠は、そうではないと示しているにもかかわらずだ。そんなとき、気がつくと私は最善と思われる策に頼っていた。ウィキペディアを開いて、1950年代の蒸気機関車に関する情報を大急ぎで読むのである。今にして思えば、このきわめて単純なテクニックがあんなにも効果的だったのは信じられないくらいだ。大気汚染を引き起こす古臭い鋼鉄の巨獣の車輪の配置について読むと、どういうわけか落ち着くのだ。はかの人はすばらしいマッサージを受けると落ち着くらしいが、まさにそんな感じである(個人的にはうつぶせで無防備に横たわって見知らぬ人に背骨をぐりぐりされるなんて完全に耐えがたいので、いかなるマッサージも無理である)。いくら問い詰められても、なぜこの特定のテーマがこれほど役に立ったのかを正確に説明することはできない。唯一合理的な説明は、この時代の機関車が特別な興味の対象であるということが、どういうわけか功を奏したということだ。

ちょっと時間をとってこのように自分を落ち着かせるだけで、その後はいつものようにかなり高い水準で完璧に授業を行うことができた。しかし私のインターネット履歴を調べた管理職の誰かが、中学2年生にアポストロフィについて教えていたはずの教師が一体なぜＡ４パシフィック蒸気機関車について読むことにこれほど時間を費やしているのかと不思議がっていたと聞いたときは、永遠に石になるかと思った。これはこの問題において重要な部分である。**ＡＳＤ者は自分が抱える困難に対して、ちょっとした回避策やコツ、自分なりの解決策を編み出す。しかしこれらはほんの少しばかり奇妙であることが多い。**そのため定型発達者に見つかると、定型発達ならではの裏読みをされて、何か良からぬことを企んでいると思われかねないのだ。

落ち着くために興味の対象に関する文章を読むという私の習慣は、多くのＡＳＤ者に共通するものだ。特別な興味は、生まれながらのＡＳＤの特性であると同時に、**ＡＳＤに適していない環境にいることで生まれるストレスや不安への優れた対処法でもある**ようだ。これまで私は、この対処法を温かい風呂に入ること、自分の殻に閉じこもること、ハグすること、お酒を飲むことなど、さまざまなリラックス法と比較してきた。少なくとも私にとっては、満ち足りたあくびやおいしい食事のあとの心地よい満腹感のように、不思議なくらい身体的な安らぎや休息を感じるものだ。自分が深く傾倒しているテーマに没頭することで、自分の神経細胞から恐怖が取り除かれるように思える。正直に言って、特別な興味がもたらしてくれるものなしでは私はやっていけない。

私は特別な興味を、ほかのことでストレスがたまりそうなときに行く避難所として利用している。子どもの頃の私にとって、レゴとテレビゲームはつらい家庭生活から隠れられる場所だった。1990年代、両親は若干苦しい時期にあった。おもに失業者が続出した1991年頃の大不況のせいである。私たちは祖父の家に居候することになったが、そこは静かで落ち着いた平穏な生活環境とは言いがたいものだった。その結果、自室が興味の世界にとことんのめり込める避難所になった。私はレゴをたくさん持っていて、すべてを床に広げて街をつくるのが常だった。警察署、消防署、港、熱帯の海賊島……ご存じ、市街地が無秩序に広がっていくありふれたスプロール現象である。家の中に張りつめる緊張感を完全に断絶するため、私は詳細で複雑な物語をでっちあげた。脱獄、大火事、海賊たちの悪だくみ。この心の中の特別な「隠れ避難所」を使い果たしたときはいつも、セガのメガドライブのスイッチを入れて、しばらくの間、別の架空の世界で過ごした。『ソニック・ザ・ヘッジホッグ』の青々と広がる気持ちいい大地、『アイラブミッキーマウス　ふしぎのお城大冒険』のへんてこでカラフルな世界がお気に入りだった。ハイスコアとゲームクリアを目的とする一般的なゲーム趣味とは異なり、私は世界そのものに執着していた。プレイ可能なレベルの先には何があるのか。背景の木々の向こうに何が広がっているのか。見えないところにどんな景色が隠れているのか。そんなことを考えながら、何時間も探検したものだ。

むろんその時だって、11歳の私の脳はそこにはほかに何もないことを十分認識していた。ゲームにあるのは、プログラムされたものだけ。『スーパーマリオカート』のコースに、目に見えない特別な要素なんてありはしない。だが、私は気にしなかった。**これらのゲームをもっと広い世界として想像し、それこそが本当の隠れ家だとみなしていた**のだ。これは今も変わらない。最近はゲームの世界がより発展し、オープンで自由なものになっている。『レッド・デッド・リデンプション』のようなゲームでは、心ゆくまで歩き回ることができる。私もよくそうしている。同様に、『マインクラフト』は驚くほどバラエティ豊かな世界を安全に楽しめる。どれほど楽しいかというと、10年かけて都市、村、城、自然の風景をこつこつ作り込み、一つの世界をまるごと構築してきたくらいだ。すべては自分の楽しみのために。そして、現実生活で困難が重くのしかかったときに、逃げ込める場所になるように。

このような逃避は、特別な興味がこんなにも多くのASD者の生活を特徴づけるものとなっている理由の大部分を占めると思う。テレビ、映画、文学、ゲームなどのフィクションの世界がテーマとして非常に人気があるのも、このためだろう。私の親友は、人生のストレスに耐えられなくなったときに逃げ込めるように、ひそかに脳内で架空の世界を精妙につくり込んでいると話してくれた。その世界は、少なくとも部分的にはさまざまなフィクションの世界が基になっているという。確かにこれは私にも当てはまる。こういう場所は、心の深い部分で大切なものになる。私は今でも、『ソニックシリーズ』や前述の『アイラブミッキーマウス ふしぎのお城大冒険』のレベルや音楽を覚えている。コーヒーを淹れながらしょっちゅう口笛を吹いてしまうほどだ。ベッドに横になって眠ろうとしているとき、これらのゲームの世界を探検しているところを思い浮かべることもよくある。その記憶は12歳の頃と同じく鮮やかで生々しく、いつの間にか熟睡してしまう。

マーベル・コミックから『マイ・リトル・ポニー』や『ブレイキング・バッド』まで（この二つの作品が一緒くたに語られるとは誰が予想しただろうか。両作品のクロスオーバーを想像してみてほしい）、細部まで緻密に作り込まれた架空の世界は、ASD者が迷い込み、安らぎを得るのに最適な環境だ。しかし、興味の対象は架空の空間だけではない。

多くのASD者の興味にみられる主な特徴は、収集である。あらためて繰り返すが、物を集めることはASD者特有の行為ではない。なにしろ定型発達者の多くが物を集めている。また、あらゆるASD者の特徴というわけでもない（全員に当てはまる趣味はない）。しかし、収集は私たちの多くにとって非常に重要だ。かなり特殊なものを集めているのを目にするのは珍しくない。石、ビール用コースター、旗、昆虫、バービー人形、靴下、鉄道模型、トランプ、カーディガン……ご理解いただけただろうか。収集可能なものなら、誰かしらそれを集めているＡＳＤ者がいるはずだ。

そうそう、それからポケモンである。

ニンテンドーゲームボーイに初代ポケモンが初登場した１９９０年代後半以来、このカラフルで小さなモンスターを集める趣味を、多くのＡＳＤ者が愛し続けてきた。この特定のシリーズがＡＳＤ者に圧倒的な人気を誇るのはなぜか、推測せずにはいられない。私は、モンスターそのものが体現する収集要素とデータ重視の数字ゲーム要素の組み合わせだと思う。

もう少し詳しく説明すると、ゲーム本編であれスマートフォン版の『ポケモンＧＯ』であれ、すべてのポケモンには強さを決定する統計値がある。この数値が、実に掘り下げがいがあるのだ。ＡＳＤ者はみんな数字や数学が好きだというのは俗説にすぎないが、現実からまったくかけ離れているとも言えない。ＡＳＤ者の多くは、数値データが持つ安心感やゆるぎなさを楽しんでおり、ポケモンはそれを十分に提供してくれる。小さなモンスターを見つけ、その強さとほかの小さなモンスターとの戦い方を判断し、すばらしく効率的な戦闘マシンに育て上げることは、多くのＡＳＤ者にとって実におあつらえむきの楽しみである。考えることがたっぷりあるからだ。ポケモンは、攻撃技の組み合わせやポケモンの最適な編成について空想にふけるような、いわゆる「理論構築（theory-crafting）」をする余地がたくさんある。退屈な会議中や長時間の電車移動中など、有益な時間つぶしが必要なとき、私はいつもこの手の空想にふけってやりすごしている。最強ミュウツーにゴーストタイプとエスパータイプの技を組み合わせると、対戦では実質的に無敵になることを発見するのは、楽しいとしか言いようがない。それに、ちょっとした達成感もある。

これは目的のある収集なのだ。いくら面白い石を集めても、石同士を死ぬまで戦わせるなんて選択肢はなかった。その上、このゲームをプレイすれば、同じように夢中になっている人たちと出会って一緒に遊ぶという、安全でとっつきやすい社交の手段が得られる。

こういうタイプの特別な興味はＡＳＤ者に非常によくみられ、その対象はポケモンに限らない。ポケモンと同じく収集と分析癖をくすぐる似たような遊びに、小さなミニチュアの兵士を丹念にペイントして遊ぶ『ウォーハンマー』のような卓上戦争ゲームがある。『ウォーハンマー』の本質は、ミニチュアの収集要素と統計数値の算定要素をうまく組み合わせているところにある。『World of Warcraft』や『エルダー・スクロールズ・オンライン』、あるいは『ＧＴ

Aオンライン』のような多人数同時参加型オンラインゲームもそうだ。同じような目的を満たせるこれらのゲームには、どれもASD者の多くが楽しめる快適さとディテールがある。ここで挙げたすべてのゲームに私が一度は夢中になったとしても、不思議ではないだろう。

収集は長く楽しめ、いつまでも生産的な気分を味わえる。集中する対象と目標ができるからだ。石や化石の年代や由来、『GTA』に登場するスポーツカーのスピードや耐久性といった自分のコレクションの知識を詳細に蓄えておくことは、誇りの源であり、この上ない満足感をもたらしてくれる。世界の大混乱の中で、私たちは再び落ち着ける場所を見つけることができるのだ。

隠れて休息する場所を与えてくれるだけではない。特別な興味は、不思議なくらい心地よく脳を集中させることができる。人生において絶えず「全体像」を見ようとしつこく求められてうんざりしたとき、脳のレンズを微調整して、レーザーのように正確に特定のものに関心を集中させられるのは、なんとも気持ちがいい。大局的にとらえろと脳に命ずることなく、私たちの脳にぴったりな作業をさせてあげられるのだ。大局的に見るなんて、とても……間違っているという感覚がある。モノトロピズム（単一志向性）という概念を支持するならば、これは不思議なことではない。

モノトロピズム（単一志向性）

２００５年、ダイナ・マリー博士が主導する研究論文が科学雑誌『オーティズム』誌上で発表された*。１９９０年代後半から進められてきたこの研究は、ほかのどの理論や研究よりもさらに踏み込んで、ＡＳＤ、潜在的にはＡＤＨＤの「大統一理論」を構築しようとするものだった。かつてない切り口でＡＳＤの脳を考察する同研究の中心となるのは、モノトロピズム（単一志向性）という概念だ。ギリシャ語で「単一の（mono）方向（tropism）」を意味するこの単語は、ＡＳＤ者の脳が全体よりも単一の部分に注意を集中するようにできているように見えることを指す。別の言い方をすれば、**「木を見て森を見ず」というより、ＡＳＤ者は森を見るのが苦手で、一本の木を愛すると考えるのがモノトロピズムだ。**モノトロピズムが仮定するのは、ＡＳＤの特性は本質的に焦点の狭さから生まれるということである。焦点の狭さは、感覚

＊ D. Murray, *'Attention, monotropism and the diagnostic criteria for autism'*（注意、モノトロピズム、自閉症の診断基準）, Autism, 9(2), June 2005, pp. 139-56.

過敏（特定の感覚だけに焦点が当たり、注意散漫になる）からコミュニケーション障害（単語やフレーズの意味だけに焦点が当たり、言外の意味やニュアンスなどをとらえられない）にいたるまで、ほとんどすべてのASDの特性や特徴に当てはめることができる。この概念は、ASD者の特別な興味がどういうはたらきであるかもきちんと説明してくれる。

ASD者の特別な興味の対象は、ときおりマニアック過ぎることがある。私が聞いたことがあるのは、「ペスト医師の長いくちばしマスク」マニアである。17世紀について学んだ人たちが夢でうなされがちな、あの奇妙なマスクだ。ツイッター（現X）で知り合ったある知人は、腕時計のベルトに関心があるそうだ。特に、特定の種類のナイロンの染料が素材の化学的性質や弾性的性質を変えることによって、装着感にどのような影響を与えるかに注目しているという。これは珍しいことではない。多くの場合、広い関心からより小さな焦点に的が絞られていき、それが私たちにとって非常に大切なものになることがある。人生のこまごまとしたものの中に癒しがあって、私は物事の細部を拡大し、その複雑さを研究するたびに癒しを見いだせる。おそらくこれが、あらゆる種類のミニチュアがニューロダイバージェントに人気がある理由なのだろう。

モノトロピズム（単一志向性）という仮説は、なぜこのようなことがよく起こるのかを理解するのに役立つ。ダイナ・マリーの息子ファーガスによると、私たちASD者は「一度に比較的少数のものに関心（または処理資源）を集中させる傾向がある」という。「つまり、多くの人が常に複数の処理経路を動かしたり、一度に複数のものに興味を寄せたりできるポリトロピック（多志向的）であるとすれば、ASD者はいついかなるときも注意が少数の関心対象で占められているモノトロピック（単一志向的）なんです」とファーガスは指摘する。その結果、私たちは一つのことに膨大なエネルギーと時間を費やすことができる。**思うに私たちは、広く照らす車のヘッドライトや投光器ではなく、レーザー光線のように世界にアプローチしている。**狭い焦点の範囲にあるものすべてに注意を向け、奥深く掘り下げていくのだ。

そしてこれは、私たちの興味だけに当てはまるわけではない。マリー曰く、「一般的に、定型発達者のやりとりには情報のインプット／アウトプットの経路が複数あり、人びとはそれらに同時に注意を払うことが求められる。言葉だけでなく、口調、表情、ボディランゲージ、アイコンタクトなども経路になる。ほとんどの人は意識せず、双方向かつ相手が複数人であることも多いこれらすべてのやりとりを、力関係などあらゆる社会的背景を念頭に置きながら、同時にこなすことができる」のだそうだ。私が第1章と第2章で述べたことはだいたい、この仮説できわめてわかりやすい説明がつくのは言うまでもないだろう。

マリーは、ASDの感覚過敏にモノトロピズムが関わっている可能性も十分ありうるとも主張する。マリーが示唆するのはこういう理屈だ。**「"注目トンネル"の外からの感覚入力」は見逃されることが多い**。レーザービームの外側にあるため、単に気づかないのだ。一方で、「トンネル」の内側にある感覚情報はかなり増幅される。その理由はかなり明白だ。私たちの注目は、すべてその「トンネル」に向けられているのだから。100本のマイクがブンブン飛ぶ蜂に向けられ、ほかの音がかき消されるようなものである。

私は「注目トンネル」の比喩が特に好きだ。この比喩は、私自身の経験にぴったり合っている。特に興味のあるテーマに完全に没頭しているとき、たとえばそのテーマについてのネットの文章を読んでいるとき、私は尋常でないほどコンピューターや手元のスマホに執着している。スラップスティック・コメディーのワンシーンみたいに、私のいる部屋で誰かがケンカをしたり、隣のビルで火事が起きたり、ゴジラが天井を突き破って出てきたりしても、私はネットから目を離せそうもない。少なくとも、電話の着信音、ドアのノック、今すぐ何かを食べたり飲んだりしたいという身体的欲求なら、私は完全に気づかずやり過ごしてきた。それらはすべて、この「注目トンネル」の外側にあり、したがって私にとって存在しないも同然という単純な事実のためである。

一つのアイデアとして、モノトロピズムの背後に広がる可能性には大いに期待がもてる。ASDの中心的教義として一般に受け入れられるのはまだ先の話になりそうだが、そう認識されるようになるのは時間の問題だと思う。そうなれば、ASDが本来何を意味するか、個人や社会全体のとらえかたが再編成されるかもしれない。ファーガスが私たちとの会話を、こう締めくくったように。「私たちは、モノトロピズムによる過集中の利点を真剣に受け止める必要があります。情熱の追求に必要な時間と道具を与えられたASD者は、本当に侮れない存在になれるんですよ！」

そして、私は彼の意見に完全に同意する。**健全で協力的な環境さえあれば、モノトロピズムがASD者にもたらすレーザーのような集中力は、当人のみならず社会全体にとって、非常に大きな価値を生み出す源となりうると私は感じている。**

バーンアウト（燃え尽き）

バーンアウト（燃え尽き）の節は、書きはじめることさえためらわれる。自閉症的バーンアウト（autistic burnout）については、公の場で話すときも、ブログやツイッター（現X）のスレッドを書くときも、いつも語りづらいと感じてきた。というのも、それは私の中で重度のうつ病体験、特に2016年前後に自殺を試みたことと不可分に結びついているからだ。ただでさえ扱いにくい概念をさらに扱いにくくするために、こんなことを書いているのではない。バーンアウトがASD者の心に傷を残し、いつまでも引きずる可能性があることを示すためである。

自閉症的バーンアウトは比較的未解明の部分が多く、研究もあまりされていないという事実が、これらすべてをさらに複雑にしている。事態は改善されつつあるが、医療におけるほぼすべてのことがそうであるように、新しい知見や医療科学が総合診療医や看護師の最前線にまで浸透するにはかなりの時間がかかる。そのため、ASD者が初めて医療支援を求めに行ったとしても、ぽかんとした顔で適当に決めつけられ、支援がまったく得られない可能性が高い。だが、経験のあるASD者なら誰でも、バーンアウトは絶対に存在すると主張できるだろう。そしてそれは致命的でもある。

ASD者の平均余命は、定型発達者の平均余命よりもずっと短いという統計がよく使われる。どの統計に注目するかにもよるが、ASD者の平均余命は36歳あたりか、少し長くて54歳のいずれかである。どちらの数字も、事故から併存疾患と呼べるものによる死亡まで、多くの変数を考慮に入れている。もちろんこれは、あなたの知り合いのＡＳＤ者が50代半ばまでに必ず死ぬことを意味するものではない。むしろ、ＡＳＤ者が本来の寿命よりもずっと若くして亡くなっているという警鐘であって、この警鐘に耳を傾け、対応する必要があるということだ。ＡＳＤ者の寿命を縮めうる要因は少なくない。その多くは本書の別のところで取り上げているが、おそらく最も深刻な（そして最も予防可能な）要因は、自殺であろう。

すでに述べたように、ＡＳＤ者が自殺によって死亡する確率は、一般人口の3倍である。ＡＳＤ者の60％以上が、一度は真剣に自殺を考えたことがあるという研究結果もある*。

ここまで本書で説明しようとしてきた、私たちが直面する無数の苦悩を考えれば、この統計は異常ではあるが、衝撃的なものではないはずだ。ＡＳＤ者の大多数にとって、利用できる支援はゼロに等しい。私が２０１７年にＡＳＤの診断を受けた理由の大部分はうつ病と自殺念慮であったにもかかわらず、診断以来ＮＨＳから何の支援も受けられず、病院を出るときにありきたりなパンフレットと精神科医からの「幸運を祈る」という言葉をもらっただけだった。私

＊ S. Cassidy et al., *'Risk markers for suicidality in autistic adults'*（自閉症成人における自殺のリスクマーカー）, National Library of Medicine, 9(42), 31 July 2018.

たちは、自分ですべてを解決しようとするしかない状態に置かれている。ネットのＡＳＤ者たちの支援ネットワークがなかったら、私個人の予後はもっと絶望的だった恐れがある。

そしてバーンアウトは、しばしば自殺の多くの根本原因となる。

自閉症的バーンアウトは、ほぼ皆さんが思い描くとおりのものである。おそらくそれは、私たちが周囲に溶け込むためにしなければならないあらゆるマスキング行為の最終的な結果であるように見える。すでに述べたように、マスキングには膨大なエネルギーが必要だ。身もふたもない本音を言えば、そのエネルギーは周囲の定型発達者の機嫌を取るよりも、自分自身の機嫌を取ることに使ったほうがよい。**しかし、そうはならず、エネルギーはＡＳＤ者があらゆる手段を講じて定型発達者と同じであるかのようにふるまう演技、いうなれば壮大な仮面舞踏会に注ぎ込まれる。**

そして、大量のエネルギー使用には恐ろしい代償が伴う。個人差や、（数ある要因の中でも特に）マスキングの度合いにもよると思うが、自閉症的バーンアウトはいつでも起こりうる。ツイッター（現Ｘ）で人数をざっと数えたところ、リスクが最も高いのは20代のＡＳＤ者であるようだ。これは大いに納得のいく結果だ。学校というのは、耐えがたいほどマスキングを集中的に行う場所であることが多く（第５章で説明する）、社会人になってもマスキングを続けなければならないことは、その人の能力を超えてしまう可能性が高い。私の場合、ある意味幸運だったのは、33歳になるまでバーンアウトが起こらなかったことだ。

私のバーンアウトは明らかに私特有のものであり、この現象を理解するベースとなる「絶対的基準」とは言えない。だがバーンアウトがどう作用し、人生にいかなる影響を及ぼすかを示すには手頃な例だと思うので、ここで説明を試みよう。バーンアウトが起きた時点で、私は少なくとも20年間、きわめて巧みに仮面をつけていた。巧みすぎて、自分も知り合いの誰も、私がASDである可能性を指摘したことがないほどだった。知らず知らずのうちに、私は長いことマスキング行為にかなりのエネルギーと知力を費やしていたのだった。ダムが決壊したのは、娘の誕生後である。突然訪れた日常生活の大きな変化、責任の高まり、休止時間不足が（ますますプレッシャーのかかる仕事とあいまって）、私の遂行能力を急激に、そして恐ろしいほど崩壊させたのだ。平たく言えば「神経衰弱（breakdown）」ということになるのだろうが、この言葉はあまりに一般化されすぎていて、あまり意味をなさないような気がする。

私は突然、職場で崩れはじめた。教師だった私は、かなり高く評価されていた。笑われるくらい整理整頓はできなかったが、疎外されている生徒を扱うのが得意だと思われていたのである。だが休職の半年ほど前から仕事の負担に耐える能力ががた落ちし、ひんぱんに偏頭痛に襲われ、欠勤が増えた。職場の同僚もそれに気づいていた。さらに悪いことに、私は非常に重要なことを失念していた。ある金曜の朝、校長から「話がしたい」（これほど不安になる文面があるだろうか）というメールが届き、前夜の研修の欠席がかなり問題になっていると言われたのだった。第3章で触れた研修すっぽかしの件だ。私は指摘されるまで、そのことをすっかり忘れていた。頭がうまく働いていなかっただけだったのだ。私は校長室を出てから泣き崩れた。最終的に私は長い病気休暇をとり、職場での地位は失墜した。教師でいられなくなったのは、直接的にはあの瞬間である。

私はとても落ち込み、仮面を修復することができず、特別な興味のすべてに関心を持てなくなった。レゴ、『マインクラフト』、サッカー、ゲーム、総じてどれも慰めにならなかった。ひいきのサッカーチーム「レスター・シティFC」が2016年にプレミアリーグで優勝するという奇跡を達成したときでさえ、ほとんど喜びを感じられなかった。バーンアウトの数年前なら、快挙に大喜びしていたはずなのに。バーンアウトによって、娘が生まれて育っていく数年間の喜びも奪われた。6年経った今でも、私はきちんと回復していない。いまだに強い抑うつ状態にあり、仮面がきちんと直っていないと感じる瞬間がある。むろん、新型コロナのパンデミックは助けにならなかったし、引きこもり続けた私はいまだに人付き合いの練習ができていない。ようやく社会復帰できたとき、自分はどうなっているのだろうとよく考える。人付き合いの場面で仮面をつける能力が、風に吹かれた霧雨のように蒸発してしまったらどうしようと思う。

自閉症的バーンアウトは、多くの点で重度のうつ病に似ている。そこにあるのは無気力と、物事への関心の欠如だ。気分の落ち込みや人間関係の悪化も合わせて起こる。しかし異なる点もある。**いちばんはっきりしている違いは、バーンアウトがある特定のこと、すなわちマスキング能力に決定的で重大な影響を及ぼすという事実である。**マスキング能力の喪失は、少なくとも一部の人にとってはずっと続くようだ。これがバーンアウトを非常に有害なものにしている要因のひとつである。ASD者のマスキング能力は、多くの場合、生活、特に仕事をやりくりする能力の根幹をなすものである。突然それができなくなることは、人生を破滅させる可能性を秘めている。現実を直視しよう。これはマスキングの背後にある皮肉な、かなりひどい真実である。マスキングは傷つくし、本来ならそんなことをする必要はないはずだ。現在の世界が、私たちが仮面をつけなければならないようにできているから、マスキングしているだけである。しかしながらその行為によって、私たちはまさに自分のマスキング能力を破壊してしまう。仕事を失い、家族を失うこともある。

なかには、命を失う人もいる。暴力をふるう権限のある人が、仮面をつけられないASD者をどう見るか考えてみよう。黒人のASD者がストレス下でASDならありがちな特性を示したために、警察に負傷させられたり殺されたりしたという事件は毎年報告される。たとえば、ユタ州ソルトレイクシティの少年、リンデン・キャメロンがいい例だ。リンデンの母親が警察に連絡し、治療を受けさせるために助けを求めた後、彼は何度も撃たれて重傷を負った。地面に伏せろという要求を無視した結果、彼は殺されかけたのだ。

ASDの読者なら、ストレスが高まった状態やメルトダウンのとき、このような命令に従えないという感覚は身に覚えがあるだろう。警察に対する一般的な恐怖心がある場合はなおさらだ。**リンデン・キャメロンの例は、「標準的ではない」とされる行動が、迫害を受けているマイノリティ属性と結びついた結果である。**こういう結果を招きかねない状況で仮面をつけられないことは、命取りになりかねない。

権力側の人に不可欠なのは、ASDのマスキングの限界を理解し、メルトダウンなどのASD的行動の兆候を大まかに識別できるようになることだ。具体的には、このような性質のミスを最小限にするため、NHSの職員が受けるような必須研修を新たに警察官に義務付けることが必要だろう。現状では、発達障害の警察官らを支援する独立団体「全国警察自閉症協会（National Police Autism Association）」が啓発活動に力を入れているとはいえ、必須研修の実現はかなり先のことのように感じられる。しかしながら、バーンアウトがこのような恐ろしい状況から身を守れない一因になっているとしたら、その危険性が増すのは言うまでもない。

前述のとおり、私のマスキング能力が崩壊したきっかけは、父親になったことだった。小さな人間の世話をするという新たなプレッシャーのために、特別な興味に没頭できなくなったことが原因のひとつだと本気で信じている。特にゲームとギター演奏は、感情の浄化装置であり、充電器だった。これらに没頭していれば、あやうく盛大に転覆しそうなときも、平衡な状態に戻ることができた。だから趣味の時間や余裕がなくなったことは、実に大打撃となった。好きなことに没頭する楽しみを失ったことが唯一の原因だとは言わないが、原因の大半を占めていると私は信じて疑わない。いちばん楽しいことができなくなるのは、ＡＳＤ者にとって身に迫る危機であり、生命を脅かす可能性があると私は思う。だから人前でメルトダウンしてあなたに恥をかかせたからといって、好きなゲームを禁止するよとＡＳＤ者を脅すのは、よく考えたほうがいい。

ＡＳＤ者にとって、バーンアウトは本質的に免れられないものだと時折感じることがある。

実際、私が所属しているコミュニティで尋ねたところ、初めてのバーンアウト経験に関する何百もの回答が寄せられた。ほとんどの回答者が、バーンアウトは一回限りの恐怖ではなく、繰り返し経験するものだと明言している。思うのは、世界が私たちにとって本当に適切に設計されていないという事実が、最大の問題であるということだ。**私たちはいつも世界の端っこにいて、私たちのしくみや苦労の理由を何も知らない社会に溶け込もうと必死になっていると感じる。**それればかりか、私たちが生まれながらに人と違うからという理由で、社会は敵対心をむき出しにしてくる。そのため、私たちは自分自身を隠し、私たち本来の行動を示すのをやめる。そこにコミュニケーション上の行き違いや感覚過敏のストレスが重なれば、バーンアウト要因だらけでどんなASD者だって崩壊してしまう最悪の状況になる。

では、どうすれば事態は改善に向かうのか。まあ、本書のあちこちでしているアドバイスはすべて役に立つだろう（もちろん）。だが特別な興味に焦点を当てるのであれば、バーンアウトを完全に避けることはできないにしても、軽減する方法はいくつかある。

- ASD者の興味を決して制限しないこと。ASD者の興味を単なるお遊び扱いしたり、ASD者がそれに没頭できるよう求めることを「偉そう」とか「生意気」（この二つの言葉を教師が放つのを見たことがある）とみなしたりしてはならない。興味には心を調整する利点がある。私たちＡＳＤ者は、興味によってストレスレベルをコントロールして、一日をどうにか過ごせるということを理解しよう。

● 身近にいるＡＳＤ者が悩んでいるときは、興味に没頭できるよう促してあげよう（身近とはあくまで知り合いのことで、物理的に近くにいる人のことではない。見ず知らずのＡＳＤ者を困らせて回るのはやめよう）。私は自分が必要としているときに興味のことを忘れてしまうことが多いのだが、それは何よりもＡＤＨＤであることが関係しているのかもしれない。

● ＡＳＤ者の好きなものに関心を持ってあげよう。少なくとも、関心があるふりをしてあげよう。私は自分の興味について話す機会があると、受け入れられていると強く実感する。これは特に、ＡＳＤの子どもに絶大な効果がある。彼らはあなたが聞いていようといまいと、とにかく自分の興味について話すことが多い。ときどきでいいから、実際に話を合わせて好きなことをわかちあってあげよう。

繰り返すが、これだけでバーンアウトを完全に防ぐことはできない。自閉症的バーンアウトを軽減したいと望むのであれば、生活のあらゆる面をカバーする真の受容の取り組みが広まる必要がある。しかし特別な興味に関しては、こういうフォローが支援になるだろう。

第5章 学校

最も過酷な環境

School: The Harshest Environment

私たち向けに設計されていない場所

言うまでもなく子どもの人生には、特別に恵まれているのでない限り、興味にのめりこむ機会をほぼ確実に妨害してくるものがある。学校だ。学校で過ごしている間は、心のバランスを保つものから引き離される。だがその程度のことは、教室という繰り返し訪れる悪夢の中では、ささいな心配事でしかない。

学校という場の歴史は長い。大勢の子どもたちを一カ所に集め、知識を伝える能力のある人びとに教えさせるというアイデアはなんら新しいものではなく、文明そのものと同じくらい古くからあるものだろう。肥沃《ひよく》な三日月地帯で栄えたスメリア文明やバビロニア文明において、子どもたちに読み書きや歴史を教える学校環境が確立されていたことを示す証拠には事欠かない（おそらく進みも速かっただろう）。

しかしそれ以降、学校は少数のニューロダイバージェントには不向きな目標や大志を念頭に置いて設計されてきた。なにしろ「自閉症（autism）」という言葉が初めて登場するのは20世紀初頭であり、2020年代の今も、その理解は完全とは言いがたいのだから。ASDの子どもは何世代にもわたり、異なる脳タイプを持ち、世界のとらえかたが異なる人びとにまったく配慮しない教育機関で教えられてきた。私が入学した1980年代の学校ときたら、テレビドラマ『ドクター・フー』で地面を滑るように移動する地球外生命体ダーレクにとっての階段と同じくらい、私の脳タイプに合っていなかった。

教室のレイアウトや校舎の構造は、ニューロダイバージェントの子どもが学校で苦労する大きな理由のひとつで、かつ確実に解決が難しいものである。なにしろ設計に欠陥があるからといって、壊して真新しい学校を建てるのは容易ではない。いずれにしろ、ASDに優しい学校とはどのようなものなのか、誰もが認めるコンセンサスが得られているわけでもない。私にもASDに優しい学校についていくつか考えがあるが、現状の学校には、狭い廊下、建物の出入り口の少なさ、どこまでも続く棒状蛍光灯、静かで内向的な生徒が昼休みに身を隠せる場所の不足といった問題がある。それに加えて、オープンプランの教室という奇妙な流行もある。

私が最初に通った学校は、1960年代に建てられた全面ガラス張りの典型的なモダン建築の学校で、木製の間仕切りを用いていた。いわゆる開放感のあるオープンプランの建物というやつだ。全国に点在する、古いヴィクトリアン様式の学校の建設者が好んだ狭い教室とはかけ離れたものだった。光と風と色彩に満ちていて、そこで過ごした多くの人たちが楽しい場だと思ったに違いない。

私にとっては最悪だったが。

後ほど触れるオープンプランオフィスの問題と同じことが、そこでも起きていた。きちんとした壁で仕切ることをかたくなに拒んだ結果、建物のどこにいても、私の敏感な小さな耳に恐怖の不協和音が響きわたるのである。ある「教室」で本を読んでいれば、３年生のエリアで起こっていることがすべて聞こえてきた。背の低い本棚と鉢植えで仕切られているだけだったからだ。仕切りなんて思い込みにすぎない。泣き声、笑い声、不満の声、苛立った先生の声が空間全体に広がり、何かに集中するのが信じがたいほど難しかったのを覚えている。先生がこれからする活動について説明するたびに、その声を周囲の喧噪から識別するために緊張を強いられた。これはＡＳＤ者にとって、非常に難しい行為である。**定型発達の人たちには、その場で最も重要な音に耳を傾けるフィルターが内蔵されているのかもしれないが、残念ながら私にはその機能がないのだ。**

私の脳に限って言えば、すべての音は等しく重要であり、耳に入るすべての発話の細部を聞き逃すまいとしている。今でもコーヒーショップでやるべきことに集中しようとするのは、忍耐力を試される行為だ。というのも、コーヒーマシンのプシューという音やコポコポ音、店員や常連客のさまざまな会話が脳内に押し寄せてくるからだ。大人になってからは、ヘッドホンで音楽を聴くなどの対策を編み出してきた（これは私のモノトロピックな関心のありかたに合っているようで、私の関心が流れている曲に吸い込まれ、ほかのすべてが聞こえなくなっていくのだ）。しかし子どもの頃は、そんなことをする余裕もなく、歯を磨くのもやっとだった。それで私はただ音を、不思議にエネルギーを奪う生活の一部として受け入れるしかなかった。

幸いなことに、その学校での在籍期間はさほど長くなかった。8歳になる頃にはもっと古いレンガ造りのヴィクトリアン様式の学校に移り、冷たくて固いレンガとペンキで区切られたちゃんとした教室で学べるようになった。すべての教師が自分の部屋を持っていて、その違いは驚くほどだった。このような学校だと、教室が読書に没頭する無口な子どもたちで埋め尽くされているときは、本当に静かなのだ。時折、遠くのどこかからドアの閉まる音がしたり、親友の顔に親友の似顔絵を描いている生徒を止めようとする教師のくぐもった叫び声が聞こえたりする以外は、すべてが平和で穏やかだった。

中学校になると、廊下の狭さがニューロダイバージェントの生徒にとって問題となる。学校というものは、すべての授業が一斉に始まり、一斉に終わる習わしになっている。そのため50

分おきくらいに、廊下に子どもたちがどっと押し寄せ、みんなが押し合いへし合いしながら、あちこちに移動することになる。音、匂い、触覚に敏感なＡＳＤの生徒にとって、定期的に訪れるこうした騒動は過酷なものとなる。絶えず行き交う膝や足、肩に担がれたバッグなどと、いやでも接触せざるを得ない。どんなＡＳＤ者でも、メルトダウンを早めるのに十分だ。成人後に教師になってからも、このラッシュに巻き込まれるとストレスレベルがピークに達するのを感じた。私は身長が2メートルほどもある大柄な体格だが、それでも手荒だと感じたのだから、数学から音楽の教室に向かおうとして16歳の若者たちにもみくちゃにされる中学1年生がどんな感じになるか、想像してみてほしい。

似たようなひどい混雑は、昇降口でも発生する。生徒たちは休み時間を楽しむために外の空気を吸いたがり、ランチの列にも並ぶ。何らかの理由で動き回るのが難しい生徒が、この悪夢を避けるために5分早く授業を切り上げられる配慮を受けるのはごく普通のことだろう。私はこうした優遇を、当然のことながらＡＳＤの生徒にも適用することを強く勧めたい。

ランチの列の混雑に恐れをなして昼休みを本来の目的である昼食に使えず、空腹のまま午後の授業を受けて注意力散漫になるＡＳＤの生徒は大量にいるといっても過言ではない。では休み時間の第二の目的である、学習からしばし離れて休息を楽しむのはどうかというと、それもうまくいかないことがある。

学校や職場に休み時間があるのは、教室や職場でがんばっている人びとに息抜きを与え、回復する時間をとらせるためだ。学校での休み時間の目的は、子どもたちがしばらくリラックスし、ふざけ、交流し、エネルギーを使い果たすことにある。20分間叫び声をあげながら駆けずり回れば、子どもたちは次なる大量の学習に備えられるという寸法だ。そして、たいていの場合はそのように機能する。友達とやりとりしたい子どもたちには、そのチャンスが与えられる。走り回ってほかの子どもたちとボール蹴りしたい子どもたちの願望も満たせる。

しかし、ASDの子どもたちの中にはそううまくいかない子もいる。ASDの生徒の多くは、一般的なASD者と同様、常に極度のストレスを感じながら過ごしている。これまで説明してきたように、これがASD者のメルトダウンが定型発達者のメルトダウンよりもひんぱんに起こる大きな理由である。私たちはみんな、我慢の限界ギリギリのところにいる。**だから生徒が授業中にストレスを感じているのであれば（このことは次の節で説明しよう）、のんびりと休み時間を過ごさせるのが最優先事項となる。**必要なくつろぎが休み時間で得られなければ、大惨事を招いてしまうだろう。

しかし、なかなかそうもいかない。繰り返しになるが、ASD児が自分のペースでくつろいでリラックスするには、ひんぱんにそのニーズを充たせる場所と時間が必要になるが、校舎の物理的な構造と時間割がそれを許さないのだ。もちろん、外に出て友達とエネルギーを発散するのを楽しむＡＳＤの子どももいる。だが大半は暗く、涼しく、静かで、完全に一人になれる場所に行きたいと思っている。教師やクラスメートに邪魔されたくないのはもちろん、友達とも接したくないのだ。そんな場所が学校にあるだろうか。もちろん、非公式には存在する。どこの学校にも、階段の下の隠れ場所や、本でいっぱいの小部屋や、ほとんど使われることのない事務室があるはずだ。**ただ通常、子どもたちはそのようなスペースに入ることは許されない。**そういう子どもたちを一掃する任務を負った、「昼休み当番」の教師がいるのである。彼らは子どもたちを日差しがまぶしい屋外に連れ出し、好奇心旺盛なクラスメートたちと遊ばせようとする。子どもがこんな静かで落ち着いた場所にいるなんて、良からぬことを企んでいるに決まっているから手遅れになる前に叱責する必要があると、彼らは自然に考えるのだ。

　これは差別の一形態であり、有害ではあるが、同じくらい是正も容易であると受けとめるのが大切だ。静かで落ち着けるところに隠れていたいＡＳＤ児は、そういう賢明なセルフケア行為がどういうわけか禁じられていることをすぐに学び取り、その教訓を何年にもわたり胸に抱き続ける。ＡＳＤ児を子どもたちでいっぱいのにぎやかな場所に押し込むことは、本質的に彼らの意思に反して社交を強要することであり、否応なくマスキングを強いることでもある。**覚えていてほしいのだが、子どもに（いや、成人のＡＳＤ者であっても）仮面を強要することは、それ自体が暴力行為**なのだ。その直接的な結果として、休み時間が終わると20分前よりもさらに疲れ果て、燃え尽きた状態で教室に戻ってくるＡＳＤ児が大量にいる。

そして大人たちは、ＡＳＤ児はなぜ学校に行きたがらないのだろうと不思議がってみせるのだ。

ＡＳＤ児が安心な場所で過ごすのを許容する（さらにいいのは奨励する）規定を設けることは、本当の意味で公平さを保つ措置である。コストも大してかからないだろう。理想を言えば、静かな場所で休みたい子どもは誰でも無条件で受け入れられる、包括的なルール変更が望ましい。そうすれば、ＡＳＤでありながら診断を受けていない何千人もの子どもたちも含めて救えるはずだ。教師の間には「あらゆる子どもは良からぬことを企んでいる」というスタンスがあまりに浸透しているが、校内を見回る際はそういうとらえかたをいったん捨てたほうがいい。もっとも、教育制度がどのように機能しているかを知っている現実主義者としては、比較的すみやかに受け入れられるのは、まずは診断済みの生徒がサボり扱いされずに静かな空間を利用するのを許容することだろうと思う。

さまざまな手段を講じてＡＳＤ児が学校生活における激しい人混みを回避できるようにすることは、どこでも適用されるべき基本条件である。この手の調整は管理も費用もほぼ不要で、学校生活のストレスを軽減することができる。**例によって、その障壁となるのは、単純な知識と理解、つまりそもそもの問題意識の無さなのだ。**さて、本書を読んでいるあなたは今、このことを知っている。教育に携わっているのなら、ぜひここで書いたことを広めてほしい。親なら、学校に調整を求めよう。とはいえ学校の問題は、建物全体や学校生活の苦労だけにとどまらない。教室そのものが、多くのＡＳＤ者にとって巨大な障壁となっている。

教室という危険な場所

誰だって確実に、学生時代に過ごした教室を思い出すことができるだろう。賭けたっていい。学校の実験室の匂いを嗅げば、一瞬にして化学の授業の時間にタイムスリップするはずだ。このような場所は人びとの心に残る。そして多くの人にとってその思い出は比較的幸せで、ひょっとしたら温かなものでさえあるかもしれない。しかし、おそらくＡＳＤ者にとっては、必ずしもそうではない。

教師時代、実験室や技術室を訪れる必要はほぼなかった。基本的に自分の教室に引きこもっていたからだ。数回、建物の反対側まで歩いて行ったときに通りがかったことがあるだけだ。私はそのたびに、なじみのある嗅覚の衝撃に襲われた。どちらの教室にも、嗅ぎ覚えのある匂いがあった。技術室からはおがくずと接着剤の強烈な匂いが、実験室からは正体不明の匂いがした。学校の実験室の匂いとしか言いようがない。おそらくガス栓から出るガスと焦げたガーゼと化学薬品が混ざった匂いだ。あるいは理科教師自身から発せられている匂いかもしれないが、そんなことはどうでもいい。とにかく私はこれらの教室に近づくたびに、子ども時代最もトラウマだった時期にタイムスリップした。私はいつも、恐怖におびえながら授業を受けていたのだ。

私は英語を専攻しており、これまでずっとおとなしく座って本を読んだり文章を書いたりするのが性に合っていた。私に言わせれば、最高に楽しいことはすべて何らかの形で静かに座ってするものであり、そこで必要とされる体の動きは最大でもコーヒーカップを持ち上げたり、ゲームのコントローラー上で親指をくるくる回したりする程度のものである。「実習」という言葉は私をとても不安にさせるし、「身体的」という概念は何であれ私に冷や汗をかかせる。

そんなわけで、私は学校での実習や体育の授業が大の苦手だった。

私は学校での時間の9割を、ペンと鉛筆、紙や筆記帳とともに机に向かって過ごした。そこではストレスレベルを保つ手段である空想や落書きをする機会が山ほどあった。おかげで私は自分のストレスレベルが限界まで高いままでも、完全に壊れることなくうまく安定させることができた。私は学校生活を楽しんでいた。毎回の授業が同じような構成であることの予測可能性、文章を読むことの静けさ、海賊だらけの洞窟に閉じ込められた自分がゾンビに襲われる物語を書くことの癒しと喜び。

しかし常に、二つの恐怖が視界の外に潜んでいた。理科と木工の実習、それと体育である。「理科の実習」の授業では、机を片づけ、実験器具や材料を注意深く設置しなくてはいけない。ブンゼンバーナー、フラスコ、ワイヤー、ヒューズ、カエルの死骸といったようなものだ。クラスのほとんどの子どもたちは、実験が大好きだった。電気をいじったり、さらに本物の火を使ったりするのは、子どもたちの生活にとってすばらしい息抜きであり、みんなは実に楽しそうな反応を示した。一方で私はただその場に座り、恐ろしい実習風景をこわごわと眺めるばかりだった。何かひどいことが起こるのではないかとおびえ、大好きなルーティンが根こそぎ奪われることに理屈を超えたストレスを感じていた。

それはいつも同じだった。ほかの生徒たちが実験器具をカチャカチャ鳴らしながら、不可解なくらいずっとせわしなさそうに作業に集中しているなかで、私は何をしていいのか、さっぱりわからないでいた。なぜ実験の流れを把握できないのか、自分でもわからなかった。いつも私は、熱心に先生の話を聞き、注意深く指示を書き留め、理解もしていた。でもどういうわけか、実験についていくことができなかった。**本来の単純な実験手順が頭から飛んでしまうくらい、私の脳は起こりうる失敗や災難の推測にその処理能力の大半を費やしてしまっていたのだった。**

気づけば私はいつも、片手に試験管、片手にブンゼンバーナーを持ち、バーナーの曲がりくねったゴム管を見つめながら、この二つの無意味な物体で一体何をすればいいのか、必死に考えていた。私は自分の愚かさゆえに教室ごと焼き払ってしまうのではないか、高価だと聞かされていたフラスコを粉々に割ってしまうのではないかとおびえ、何もわからず身をすくませていたのだった。理科の実習は何度経験しても、私にとって苦い失望に終わった。ほかのみんなは色とりどりのファンキーな炎を発生させたり、ミカン電池で動く時計を作ったりしているのに、私は指にリトマス試験紙をくっつけたまま、悔しさのあまりじっと静かにすすり泣いていたのである。

この種の授業では、指示はおもに口頭でなされるが、それに従えなかったのは私の脳が定型ではなかったためだと、今はわかっている。ＡＳＤの特徴もないではないが、ほとんどがＡＤＨＤの問題だ。そして、この問題は一向に消えない。この現象の現代版を見るには、私がYouTubeの動画を見ながらヨガに挑戦しているところを観察すればいい。体の部位、左右、さまざまなポーズや姿勢について矢継ぎ早に指示が出されるものだからすっかり混乱し、床の上でこんがらがった結び目状態になってしまう。当然ながら１９９０年代のレスターシャー州の小さな中学校では、私がおろおろしている原因が定型ではない脳によるものだとは誰も気づかなかった。ほとんどの理科の教師は、ろくに実験に参加する機会もないうちから、私を落ちこぼれだと決めつけた。

もちろん私は十分に仮面が板についていたから、クラスメートや教師に内心の混乱を打ち明けることはなかった。その代わり、私はすべてを飲み込んだ。ゆっくりと作用する毒のように。試験管の中の液体が青くなり始めれば、私は喜びで舞い上がる友人たちに溶け込もうとした。作り笑いを浮かべながら、メルトダウンして恥をかかないようにすることにエネルギーを費やしているうちに、実験で肝心な「学ぶ」体験はすっかり抜け落ちた。仮面と呼吸調節を完璧にする以外のことを、理科の実習から学べたとはとても思えない。自分が探求するはずだったさまざまな作用について今の私が知っていることは、ウィキペディアをふらふらさまようなかで学んだことばかりだ。

これが普遍的な特性でないことは承知している。ASD者の中には、実習授業を楽しみ、そこからキャリアを切り拓いた人もたくさんいるだろう。ただ、学校ではひんぱんに発生するルーティンを壊すストレスの一例として、私はこの話を挙げたのである。ASDである私の脳にとって、本を読む平穏な時間から、騒音や匂いにさらされる実習活動への移行は、明らかに負担が大きすぎた。その結果、学習機会が損なわれることになった。

このことは、教師が授業計画を立てる際に、常に頭の片隅に置いておかなければならない。ASDの生徒は教師が工夫する授業のさまざまな「趣向」に、どのような反応を示すか。生徒によっては教室にいないほうがましなほど困難な授業の形式もあるが、その結果、習得内容がどれほど減ってしまうか。ASDの生徒の教育をより明示的で慎重なものに調整することは興味深い思考実験であるが、しばしば実現不可能だとしてはねつけられてしまう。**しかし、特定の種類の校内活動（または実際の作業ベースの活動――18歳以降も関わってくる懸念事項である）が、わずかな見返りのために大きな害をもたらすのであれば、それにこだわることに何の意味があるのだろうか。**

ＡＳＤの生徒にこういうストレスへの対処を無理に求めるよりも、単純に実験を見学させてあげるわけにはいかないだろうか。ほかの生徒グループの実験でもいいし、正面で教師が主導する実験でもいい。それは確実に私がいつも夢見ていたことだ。何度か実現したときは、不安に気を取られることなく起きている現象に注意を集中できたので、実に興奮した。

私が教育実習中だった２００８年頃、教育実践における絶対的な聖域が、生徒に集団作業をさせることだった。これは学習の基礎であり、すべての授業計画に不可欠な要素だと考えられていた。もし教育実習中に集団作業抜きで授業を行ったら、指導者に減点され、生徒の学習能力を大きく向上させる機会を逃してしまったと失望されることになる。

やっかいなことに、学生時代の私はグループワークが大の苦手だった。おぞましい理科の実験の授業は特にそうだが、英語、数学、地理の授業でもグループワークを強要されるたびに心を閉ざして黙りこくり、厳しい試練がすぐにでも終わることを願っていた。当然のことながら、私は受け持ちの生徒にそのようなことを強制するのが心苦しくてならなかった。とはいえ教員免許を取得するためには、教えのとおり忠実に実行しなければならない。私は次第に、できるだけ多くの授業にグループワークを取り入れる教師になった。

さて、私はほかの人の指導法を中傷したいわけではないし、グループワークが普遍的に悪いものだと主張したいわけでもない。多くの生徒にはグループワークがうまくいくことは確かだ。教室のテーブルを囲み、グループワークをすることを楽しめるASD者だっているかもしれない。それでもグループワークは、成人ASD者の大半が懐かしく思い返せるものではないと言って差し支えないだろう。ASD者一般の感覚をつかむためにツイッター（現X）でグループワークや理科の実験についての意見を募集したところ、その反響はすさまじいものだった。何十年経ってもグループワークへの憎悪は消えないとみえる。同年代との共同作業を強いられる恐ろしさと、それが学習体験に与えるダメージについて、次から次へと返信があった。謙遜するような反応を予期していたが、反応はまったく別物だった。ある人は、グループワークはすぐに押しつぶされそうになる「めんどくさい重荷」で、グループは「大きいマイナス」だと、私の経験を完璧に要約してみせた。似たような反応はあふれるほど届いた。

明らかに、ASDと学校でのグループワークは相容れないのである。

その理由を理解するためには、第1章で扱ったコミュニケーションと人付き合いをめぐる問題に立ち戻る必要がある。覚えているだろうか。ほぼすべてのASD者が抱えている問題のひとつに、コミュニケーションの失敗によるトラウマ歴があることを。誤解、すべった冗談、動機の解釈ミス、その他もろもろ。**こういうことを何年も繰り返していれば、間違える機会を減らしたいと思うのは当然だ。**そして私たちは内向的になり、閉じこもり、できるだけ一人で過ごすことで自分を守ろうとするようになる。ASDの子どもは10代前半になる頃には、ほぼ間違いなくこのことをすでに学んでいるだろう。したがって、無理にほかの人とチームを組ませ、傷口を再び開かせ、コミュニケーションの危機が起きかねない不快な状況にASDの子どもを無防備にさらすだなんて、(俗な言い方を許してもらえれば)「鬼畜の所業」である。ASD児が何らかのマイノリティ属性を兼ねている場合は、さらに状況は悪化する。たとえばトランスジェンダーやノンバイナリーであったり、少数民族の出身であったりすると、2020年代になっても衰えを見せないさまざまな偏見のおかげで、社会的にマイナスの結果を招く可能性が跳ね上がる。

グループワークは、安全に一人でいられる環境、つまり教室という整えられた空間で黙々と自分の課題に取り組むという環境を、根底から覆すものだ。通常なら教師が小競り合いが起きないように監視するのは比較的たやすいが、グループワークでは介入しづらい。各グループが小さな王国になるからだ。王国ではたちまちにしてリーダーと部下の序列が確立し、ASD児もささやかな政治に巻き込まれる。ほとんどのASDの生徒はこの手の政治ゲームが苦手だから、定期的に不愉快な思いをすることになる。リーダーが任命で決まることはめったになく、その決定は自然発生的なものだ。最も外向的で自信に満ちた子どもが作業全体の主導権を握りはじめると、ほかの子どもたちがやっかみや力関係の誤解に陥って、なんとなくリーダーが決まっていくのである。

リーダーがいそいそと新しい力をふるっているとき、ＡＳＤの生徒は状況を見誤ることがある。自分のやりたいことをしゃべりすぎたり、自分なりの合理性に基づいて役割や仕事を割りふってリーダーの縄張りをうっかり侵したりしてしまうようなことだ。そこでリーダーの怒りは突然爆発する。リーダーはＡＳＤの生徒に身の程を思い知らせようと、無視したり、侮辱やあざけりを投げかけたり、あるいはその二つを高度に融合させたりする。

やっかいなことに、ＡＳＤ者はたいてい、クラスメートとごく普通のやりとりを通して交渉するのが難しいと感じている。だから力関係が流動的になったとたん、状況が急速に混乱してしまう。私は学校で早くから次のことを学んだ。自分の考えがどんなに優れていても関係なく、人はただ、聞きたくないときがあるということを。40歳近くなった今でも、この事実には少し驚かされる。この愚かな特質のせいで、人類は種としてどれほどの天才を無視してきたのだろう。私はいまだにこの事実と折り合いがつけられないでいる。「イケてる集団」「仲間うち」「おしゃれな人」でない人間の意見など、そもそもゴミでしかないらしい。私は子ども時代にグループワークをしていた際、答えも何をすべきかもわかっていた。だが私は、少しばかり変わっているおとなしい子どもだったので、私の意見は歓迎されず、たいてい無視された。無視されたというのは、私が発言すると、みんなの目がどんより曇り、私が話し終えるのをひたすら待つモードに入る（運が良ければ話し終えられる）ことを指す。私が話し終わると、解決策を探るみんなの話し合いが再開する。ASDは「見えない障害（invisible disability）」と呼ばれるが、この言葉は私たちが思っている以上に、文字通りの意味を持っているのではないかと思うことがある。

ある程度好かれていて、無視されることがない場合でも、ASDの子どもは話を聞いてもらうために大変な苦労をする。いつ口をはさめばいいのかわからない、相手がいつ話し終えたのかわからない、熱っぽく興奮した声の大きさを調節できない、といったありふれたASDの特性は、すべて私たちに不利に働く。その結果、集団の隅っこに追いやられ、貢献度はどんどん低くなっていく。

こういうことがあるから、私は教師生活の最後の数年、特に診断を受けてからは、どうしても必要な場合を除いてグループワークを避けていた。入れてくれるグループを求めて悲しげに子どもが教室をうろうろするせつない光景を目にすることもなくなった。私はやれる限りのことはやって、生徒があまり孤立を深めないようにしてきた。もっとも、ASD者にどうしても集団作業をさせる必要があるのなら、次のことに留意するといいだろう。

- グループが作業を始める前に、力関係がわかりにくくならないよう、リーダーやその他の役割をはっきり指名しておく。
- ASDの生徒が、満員のグループやできあがったグループに加わることを認める。同様に、ASDの生徒が想定より少人数のグループを形成することを認める。こうすることで、集団の中にまぎれていたい、あるいは結束の強いグループの中にいたいと望むASD者に柔軟な選択肢を与えることができる。要するに、グループの人数をあまり厳密に決めないことだ。
- ASDの生徒がいるグループから目を離さないこと。罰するためではなく、いじめに発展しないようにやりとりを見守るためである。支えられている、見捨てられていないと生徒が安心して感じられるようにしたい。

なぜ私たちは「挑戦的（challenging）」というレッテルを貼られるのか

1997年から1999年にかけての金曜日の朝は、毎週憂鬱だった。16歳の私は自宅のソファに座って力なく通学かばんを握りしめ、立ち上がって玄関を出て学校まで100メートル弱の道のりを歩くための勇気を振り絞ろうと必死だった。これから始まる一日について、とりとめのない思考や心配事が滝のように押し寄せてきて、15分も座ったまま固まっていたのだ。どうにか立ち上がれたとしても、学校に遅刻し、遅刻簿にサインし、担任教師に睨まれるのがオチだった。立ち上がれなければ（ときどきあった）、妹を小学校に送り届けた母が、学校が私抜きでとっくに始まっているというのに、ソファに座っている私を見つけることになる。

いちばんの悩みの種は体育だった。体育はずっと、私にとって常に深刻な問題だった。うるさくて感じの悪い男子生徒でいっぱいの部屋で着替えなければならないというストレスは、私の感覚には耐えがたいものだった。スポーツも嫌いだった。協調運動能力が低い私は、スポーツの運動的な部分だけでなく、説明抜きでルールをなんとなく理解することが求められる指導法も嫌いだった。私は発達性協調運動障害と診断されたことはないし、診断を求めたこともないが、発達性協調運動障害のASD者の話を聞いていると、スポーツや試合に必要な身体的要件が難しいと感じるのは共通の問題であることがわかる。発達性協調運動障害と診断されていないASD者がどの程度身体能力で苦労しているかはいささか不明だが、体育の授業が嫌だったという経験はASD界隈では共通している。

私は無理やりサッカーをやらされたときのことを生々しく覚えている。相手チームに参加していた数学教師はボールを蹴るのもやっとの私のような「ヘタレ」を少しも気にかけない、堂々たる風采の男だった。ここから話すことはケン・ローチの映画『ケス』みたいなエピソードで、嘘みたいに思われるかもしれないが、信じるも信じないもあなた次第である。気づけば私は、自分を入団させなかったことでマンチェスター・ユナイテッドは最大のチャンスを逃したと明らかに思っている成人男性に、自分の技術不足を責められ続けていた。背が高かった私はほかの選手たちから空高くそびえたつモンスターだと思われ、イースト・ミッドランズのロナウドのようにヘディングで豪快にゴールネットを揺らすだろうと勘違いされていたのである。それで起きたことはといえば、何人もの少年たちがあらゆる方向から私の頭めがけて重たいサッカーボールを蹴りつけてくるという事態だった。私はひたすらボールをよけて逃げ惑った。一度だけボールを頭で受け止められたと思うが、それはただの偶然で、私のかわす技術にも例によって欠陥があったというだけのことである。そして私は、ボールが自チームのゴールに飛んでいくのをなすすべもなく見守った。

要するに、体育に適応できなかった経験があまりに屈辱的に思えたので、こんなばからしいことに耐えなければならない日に学校に行くのが怖くなったのだ。体育着でグラウンドに出るのを避けるためなら、何だってやった。普段はおとなしく品行方正な子どもだったが、体育の先生には毎週しらじらしい嘘をついて授業に参加できないと訴えた。体操着セットを忘れたとか、インフルエンザにかかったとか、おなかが痛いとか、腰を痛めたとか、あらゆる言い訳を駆使した私は、図書館やスポーツホールの上の展望バルコニーで、クラスメートがぶつかり合って身体能力を披露している間、楽しく本を読んで過ごした。私は元来、ぎこちないくらいきまりを遵守する精神が骨の髄までしみこんでいる人間である。だが、学校が私の障害に配慮してくれなかったせいで、私はその精神に反してでも教師に逆らわざるを得ず、嘘やごまかしを強いられた。どうしてバドミントンやテニスのような個人競技や、陸上競技のような秩序ある体系的なスポーツをやらせてもらえなかったんだろう。なんだっていつもサッカーやラグビーばかりだったんだろう？　勘弁してほしい。

これは、教育がＡＳＤ者に突きつける難題である。ＡＳＤ者の多くは、うるさいことを言いたいわけではないし、何であれトラブルに巻き込まれたいとも思わない（なんといっても規則を守り、「波風を立てる」のを避けることは、多くのＡＳＤ者に共通する重要な特性なのだ）。しかし窮地に追い込まれれば選択の余地はない。私のケースでは大してリスクを負うことなく、体操着セットを忘れたとかひどい風邪をひいたとかいう軽い嘘をつくだけで済んだ。しかしＡＳＤ児の中には、そもそも一切便宜を図ってもらえなかったために、急速に深刻な事態に発展する子もいる。

そういうたぐいの事態で、国内はおろか全世界でみられる最もわかりやすいものが、不登校である。子どもが学校に行くことを断固として拒否して親も教師も打つ手がなくなってしまう「登校拒否」は、教師を始めたばかりの私にはなじみの薄いものだった（生徒だった頃、そんなことが可能だなんて思いもよらなかったからである）。しかしすぐに、特に生徒の年齢が上がるにつれて、登校拒否がいかに広く浸透しているかに気づかされた。

この問題は、授業で環境調整がなされることがまれである事実によって、さらに複雑になっている。確かに１９９０年代の教師は、キャッチボールができないような生徒を一切許容しなかった。この種の一見「簡単な」課題ができないことは、怠慢の結果か、矯正が必要な許しがたい欠点とみなされた。矯正ならまだましで、ばかにしてやらねばなるまいと考える教師もいた。ボールを投げる・蹴る・キャッチすること、長時間字を書くこと、課題に集中すること。それらが純粋にできない生徒は、すぐに落ちこぼれとみなされ、笑いものにさえされた。その上、教室は感覚面で悪夢のような場所だった。明るすぎる棒状蛍光灯、壁一面に貼られたカラフルなポスター、鼻孔を満たす強烈な芳香剤、教師のアフターシェーブローションや香水の匂い。学校への愛なんて芽生えようもない。

敵対的な環境との絶え間ない戦いの当然の帰結が、抵抗である。先に述べた登校拒否や、私のようにクラスの後ろに隠れてクラスメートや教師との交流を避けるような比較的消極的な抵抗もあれば、より積極的な抵抗につながることもある。それはしばしば「挑戦的」(challeng-ing)行動と表現されるような形で現れるかもしれない。さて、このテーマだけで100万冊の本が書けそうだが、私はこのテーマの背景にある非常に複雑な問題を取り上げようとは思わない。**私がしたいのは、ASD者がなぜ「悪い」とみなされるような行動に訴えるのかに目を向けることである。**

教室での感覚入力の処理に苦労している小学生を想像してほしい。地下鉄に乗り込もうと殺到する群衆のようにあらゆる騒音が耳に飛び込んできて、疲れとストレスを感じている。その日はすでに（まだ午前10時だというのに）さまざまな人付き合いの問題を経験している。友達に言われた皮肉を理解できなかったのだ。孤独と混乱、まるで世界が自分をやっつけようと躍起になっているみたいだと思う。考えを整理してなんとか課題をこなそうとするが、教室は騒々しく、カラフルで臭すぎる。突然、何も書いていないことを教師に注意され、集中して仕事に取り組みなさいと言われる。

ＡＳＤかＡＤＨＤ、あるいは何らかの神経学的な差異を抱えているのでなければ、ここで話しているストレスのレベルを理解するのは非常に難しいだろう。彼らのストレスは、普通の人がこういう状況で感じるストレスとは比べ物にならない。どれほどのストレスかといえば、巨額すぎて払えないガス料金を請求され、職場で降格させられ、配偶者や親友に喧嘩を売られ、おまけにひどい頭痛に襲われる状況を想像してみてほしい。

そこへもってきて、おせっかいな教師から「さっさと作業を進めなさい」と言われるのだ。あなたはどう反応するだろうか。

誇張しすぎたたとえだと感じられるかもしれないが、驚くなかれ、これはちっとも大げさではない。なにしろ一般に子どもは日々の困難こそが人生のすべてだとみなす傾向があり、ＡＳＤ児だってそれは変わらないのだから。職場で降格されることと、子ども時代の社交ストレスに対処することは雲泥の差のように思えても、その感覚はあまり信用ならない。何度も書いたように、ＡＳＤ者の一般的なストレスレベルは、非ＡＳＤ者のそれよりもずっとずっと高いのである。教室にいるＡＳＤの子どもは、あなたがもっと大きな問題を抱えたときと同じくらいのストレスを感じているかもしれない。だから教師に対する反撃は、それが単純な拒否であろうと、もっと「派手な」ものであろうと、それ自体は良いことではないが、少なくとももっと理解されてもいいはずなのだ。

だが、現実はそうではない。それどころか、あまりに多くの（筆舌に尽くしがたいストレスに対応しているであろう）ＡＳＤの生徒たちが、「挑戦的」「言うことを聞かない」「気難しい」あるいはもっと悪い存在とみなされている。彼らの多くは行動が一向に改善されないまま、繰り返し排除されるだろう。ストレス要因が変わらないのだから、子どもたちが変わるわけがない。**子どもたちのストレスの原因を実際に取り除く施策がない限り、子どもたちがストレスにうまく対処できるようになるのを期待するのは無理がある。**支援がないならなおさらだ。このサイクルが繰り返された挙句、退学にいたることがあまりに多い。その時点で彼らの人生は、取り返しのつかないダメージを受けることになる。

私は、単に悪い行動を擁護したいわけではない。こういうことが実際にあるということ、文援の必要性が何らかの形で伝えられているかどうかは検討する価値があるということを言いたいだけだ。ストレスに対する「反動」が物理的な形で現れ、人が傷つくこともある。このような場合、生徒と学校のみならず、保護者にもさらなる支援が必要なのは明らかだ。しかし、**耐えがたい環境になんとかして子どもたちを適応させることに多くのエネルギーを費やし、子どもたちが適応できるように環境を変えることをちらりとも考えないのは、私には馬鹿げているように思える。**きっと私たちはお互い、事態を反対方向から見ているのだろう。

ASD者の中には、うまく学校生活を送れる者もいる。私のように、うまくいっていると見せかけながら、本当の苦労を仮面の下に隠している生徒もいる。また、マスキングが不可能なほど苦労している生徒や、そもそもマスキングができない生徒もいる。例によって、人によりけりだ。しかし学校に通うのが困難、あるいは不可能だと感じている生徒に対して、なすべきことはまだ多く残されている。「ASD啓発」の時代とはいえ、しょせん啓発は啓発であって、必ずしも行動につながっているわけではないのだ。

できることはなんだろうか。第一に、ASDの生徒と関わるすべての教師は、ASDの特性に関する最新の研修を受ける必要がある。この研修は少なくとも部分的には、ASD者自身によって実施されなければならない。いまだに学校には、俗説や固定観念が生き残っている。

２０１０年当時は良い実践方法だと思われていたことが、今では絶望的に古く、むしろ逆効果になっていることもある。ＡＳＤ者が世界をどのように感じる傾向にあるのか、教師は正確に知る必要がある。生徒が落書きをするのは純粋に集中力を高めるためだとわかっても、その小さな落書きを問題視する理由があるだろうか。

それ以上に学校文化を改善し、ＡＳＤの「タブー」視をやめ、定型発達の生徒もＡＳＤについて知ることが必要である。ディスレクシア（読み書き困難）がありふれたものとなったように、**ＡＳＤをありふれた学校生活の一部とすることは、ＡＳＤの生徒の経験を一般化し、たびたび起きるであろうＡＳＤの「他者化」に対抗するのに大いに役立つだろう**。教師時代、私がＡＳＤであることを明かすと、そのうちＡＳＤの生徒たちも同じように公表するようになった。ほかの生徒たちはそれに動じることはなかった。それどころかあるクラスでは、いつもはみ出し者にかなり意地悪な「イケてる」子どもたちが、私や何人かの生徒が説明するＡＳＤ的な体験に魅了され、私たちの特性や行動を驚くほど受け入れて寛大になってくれた。おかげでその時の私は、少し仮面を取れていたような気がするくらいだ。このクラスを恋しく思うし、もしこれが全国各地で再現されたら、その影響はどれほどのものになるだろう。

大学へ行く

私は本当のところ、大学に進学するつもりはなかった。少なくとも、将来に対する壮大な構想はなかった。先のことまで計画できなかったのだから、野心など持ちようがなかったのである（今でも5日先までの計画が限界で、その先は混沌と偶然の世界が待っている）。そんなわけで、私はなんとなく大学に進学することになった。Aレベル［大学入学許可の条件となる英国の学力証明試験］の成績はそこそこ良かったし、学校からは人生の次のステージとしてさまざまな大学を検討するように誘導された。誰も私が本当に大学に入りたいのかどうか問わなかった。もっとも、私自身が自分に問うこともなかったのだが。学校では、オックスフォードかケンブリッジを目指すよう強く勧められたことを覚えている。オックスフォードは除外した。その言葉自体の「色」が好きではなく、何か不安な感じがしたからだ（詳しくは共感覚について調べてみてほしい）。口にしてみると「ケンブリッジ」のほうがしっくりきたし、おまけにそれほど遠くもなかった。しかし実際に訪れてみると、壮大すぎて圧倒された（ダウニング・カレッジの食堂は、あまりの豪華さに恐怖で気分が悪くなった)。

大学進学は、日々のルーティンを激変させるくらい大きなできごとになりそうだった。なじんだ生活とは大きく異なるルーティンに身に浸すのは、愚かなことに思われた。私は自分がASDだとは知らなかった。この時点では、ASDが何なのかすら知らなかった。にもかかわらず、私は自分の脳にとって最適な選択をした。ケンブリッジの上位中流階級の環境に溶け込まなくてはいけないという緊張に身をさらすよりも、「故郷」に帰り、4歳から7歳まで過ごしたラフボローの大学に進学しようと思ったのだ。

故郷への親しみは、純粋な愛情に彩られていた。幼い頃に住んでいた街には、楽しい思い出がたくさんあった。街の中心部にある大きなマクドナルド(隅っこのほうで静かに参加した友達の誕生日パーティーが開催された場所だ)や、毎年市場を盛り上げる移動遊園地、面白い魚を探したりアヒルの子を追いかけたりして過ごした街はずれの小さな小川や森。18歳でそこに戻ったのは、賢明な判断だった。

この章で大学について書くのは、ためらいがあった。なんといってもASD者全員が大学に進学できるわけではないし、今のように学費が高騰する前であっても、学位の取得は(自分が十分な特権の持ち主であるかはさておき)大きな特権である。しかし多くのASD者がなんとか高等教育を乗り越える一方で、私たちの集団的な経験はあまり華々しく記録されることはない。定型発達者の書いたＡＳＤ者に関する本にも書かれていない。このような理由から、ここで手短に取り上げることは害にはならないと思う。ＡＳＤ者の多さが明らかになるにつれて、ＡＳＤに「関連するもの」として分類される経験が広がっていくことを期待している。

ＡＳＤ者にとって大学への進学は、学校を卒業してすぐに就職市場に参入するよりも、いろいろな意味で大人の世界への入門としてやさしいものがある。なにしろ学校生活を（少なくともときどきは）管理可能なものにしていたルーティンやスケジュールは、ほぼ中断なく継続される。どんな成果を期待されているかも、なすべき作業の性質もあまり変わらない。長期休暇はさらに長くなって存続する。時間割に沿った週単位の授業も、宿題や締め切りのシステムも続く。私は論文ベースの学位取得を目指していたから、受験勉強からの変化をかろうじて認識できたというくらいである。少なくとも学問的にはそうだった。

大学進学が過酷なものになりそうだと考えた理由は、両親との実家暮らしから、奇妙で不思議な学生寮での一人暮らしに移行する点だ。多くの場合、縁もゆかりもない町や都市で、近くにいる大人からのサポートもほとんどない。長年、実家で家族と暮らしてきたおかげで一日や週をちゃんと区切って生活できた人間にとっては、この移行はめまいがするほどとてつもないストレスとなる。

さらに、ＡＳＤの学生に対する公的なサポートは、今なお手薄であるところが多い。多くのＡＳＤの現役学生や最近まで大学に在籍していた元学生から話を聞いたところ、障害に対応した試験方式の変更や締め切りの延長など、基本的な学業上の希望に快く便宜を図ってくれる大学も増えてきてはいるものの、そういった調整は一般にはまだ十分に普及していないという印象があるという。私が話を聞いた３００人以上のうち、40％はこの種の調整をまったく「受けなかった」と答えている。ある回答者は、調整が職員に「一括して通知」されることはなく、調整の一つひとつを何度も個別に手配しなければならなかったと述べている。**手続きの煩雑さやＡＳＤ者が遂行機能に問題を抱えていることを考えると、こうした対応は非常に不親切であるように思われる**。ほかの回答者は、表向きは調整が図られていても、講師がそれを無視したり、文句を言ったりすることがよくあると指摘している。家族から離れて一人ぼっちの脆弱な学生が、おそらくは初めての経験をしているとき、こんな対応を受けたらやる気をなくしてしまう。

なじみのある土地の大学を選んだとはいえ、最初の数カ月は一人暮らしの恐るべき自由さに目を奪われた。今思えば、きわめて危なっかしい状況にあった。キャンパスですぐに数人の良い友人に恵まれるという幸運がなければ、もっとひどい時間の過ごし方をしていたかもしれないと思う。ただ、独立したおかげで、初めて親に干渉されることなく自分のルーティンに従って生活できるようになった。これは私にぴったりの生活だった。その一方でいきなり遭遇するようになったのが、のんびりしたリンカンシャーでは経験したことのないたぐいの激しい同調圧力である。

知り合ったばかりの学生寮の先輩たちと、自分の意思にまったく反して五日連続で飲みに行ったことを鮮明に覚えている。先輩たちに強引に誘われたのである。彼らは「新入生」の到来を、自分たちよりも経験の浅い学生をいじめ、暴言を投げかける絶好の機会だと考えていた。彼らは保安官のように学生寮をうろつき、私たちを部屋から引きずり出して街に連れ出したり、バスに乗ってバーミンガムやレスター、ノッティンガムに連れて行ったりした。そこではラフボロー大学でパープル・ナスティー［ナスティーは「吐き気をもよおす」などの意味がある］と呼ばれる、サイダーとカシスを混ぜたラガービールを自分の体重ほど飲むよう「奨励」されるのだ。

この時期の新入生のほとんどは危なっかしい。ましてＡＳＤ者はさらに危なっかしいはずだ。ＡＳＤ者の間でアルコールは興味深い話題であり、その付き合い方は人によりけりなので、ここで一般化するつもりはない。しかしアルコールが定型発達者の間でさえ「社会的潤滑油」とみなされていることを考えると、ＡＳＤ者がアルコールを、トラウマになりそうな難しい人付き合いを乗り切る手段とみなして利用するのは当然である。このことは、10代から20代前半にかけての私には確かに当てはまる。人付き合いは疲れる難しいものだと感じ、ビールやワインを飲むことで対処していた私は、いささか飲みすぎてしまったようだ。酒が誤解や危機をさえぎる液体の鎧となり、私を覆ってくれたのは否定できない。酒のおかげで、自分の特別な興味に関係ないことについても長々と話すことができ、自信が高まったのも事実だ。しかし気分が悪くなるし、翌日も二日酔いで台無しになる。メリットがデメリットを上回ることはめったにない。それもあって、最近はめったに飲まない。

ともあれ２００１年当時、私たちはにやにや笑う経験豊富な年長者に、とことんつぶれるように積極的に勧められた。身長約2メートルの白人のシス男性である私の脆弱性は、たかが知れたものである（バーミンガムの中心街で引きずり込まれた不愉快な「ビアホール」パーティーから立ち去る際、あやうく金品を脅し取られそうになったことははっきりと覚えているが）。**しかし、ＡＳＤの女性や有色人種の場合は、どのようなイベントに連れて行かれるかによってリスクが**

増すかもしれない。前述の危険な状況はウェストミッドランド州でのできごとだが、それも私が自分のグループという安全な聖域から離れたためである。これは一般的に、危険な大都市エリアでは誰に対してもお勧めできない行為である。しかし、あまりにも騒がしくなったりノリが激しくなったりしたときに、安全な友人グループから逃げ出さざるを得ないのはどんな種類の人だろうか。そう、ＡＳＤ者だ。

感覚過負荷と社交の過負荷から逃れるために新鮮な空気の中に駆け込んだＡＳＤ者が、外でナイフに脅かされるなんて最大の皮肉だ。**ＡＳＤ者に社交を強要するのであれば、もっと多くの人がその危険性を認識すべきだと思う。**もちろんその代わりに、新入生に期待されることが変わる可能性がある。ＡＳＤなどの障害を持つ人もいることが認識されるようになれば、見知らぬ街で飲酒を強要されることが必須ではなくなるかもしれない。幸運なことに、私のアルコールとの付き合いはごく穏やかに終わった。20代になるにつれ、徐々にアルコールの魔の手から逃れられるようになったからだ。しかし、社交的な場での不快感や不安が続いていれば、もっと悲惨な結果が待ち受けていたかもしれない。そして今、アルコールの助け抜きに社交的になれるかといえば、そういうわけでもない。最近の私が飲酒に興味がなく耐性もないのは、人付き合いが完全にないからである。ビールに頼って乗り切ることができなくなった私は、外出や人と会うことを完全に避けている。これは……理想とは言いがたい。

ＡＳＤ者の多くが苦しむギクシャクしたやりとりを滑らかにしてくれる酒とドラッグの誘惑は強く、それはＡＳＤ者のコミュニティ内でさえもほとんど議論されていない。「外出」という不可能な要求に対処するためにこの二つに頼らないようＡＳＤ者に求めるのは、問題のとらえかたが逆だと私には思える。**重ねて言うが、厳しいシステムに溶け込むためにできることをする負担は、完全にＡＳＤ者が負っている。**酒瓶の底に慰めを見いだすことを、誰が責められようか。第2章で私が提案したことが実行され、「外出」そのものがＡＳＤ者にも楽しめるように修正されたり、違った形で行われたりする世界のほうがずっといい。

大学での人付き合いの苦労を抜きにすれば、学問の世界はＡＳＤ者の特性にはかなり理想的である。より具体的な分野の研究をさらに掘り下げることが大学における学問の本質であるという事実は、まさに特別な興味に集中し続けるＡＳＤ者に非常に適している。心から特別な興味を抱ける課程で学位を取得することは、勝利のように思える。大量の時間を費やしたことで、目に見える報酬が得られるのだから。その報酬とは学位証明書と、大学院でそのテーマについてさらに深く掘り下げることができるという保証である。

私の大いなる夢は、大学に無期限でとどまり、キャンパスの外の恐ろしい世界から自分を隔離し続けることだった。映画『ゴーストバスターズ』で、ヴェンクマン博士（ビル・マーレイ）がこう明言していたせいだ。「君は民間企業で働いたことがないだろう。企業では結果を期待されるんだよ」。大学にとどまれば、こういう期待から自分を守ることができる。診断が下りるのは10年以上先のことだったが、学生時代にスーパーやファストフード店で短期間働いたひどい経験から、自分が労働環境で苦労することはすでにわかっていた。その結果、私は英文学の修士号を取り、博士課程取得のための資金提供制度に応募した（私の記憶が正しければ、ジョージ・ギッシング作品における心理地理学に関する何か）。おそらく賢明なことに、アーツカウンシルはこのテーマを世界が最も必要としていないものだと判断した。それで私は大学を出て、労働の世界に飛び込んだのだった。最悪の結末になることは十分承知していたし、事実その通りになった。

教育とASDの相互作用は魅力的である。多くの点で、両者は密接な関係にある。なんといっても、ASD者は非常に熱心な勉強家であることが多い（特にテーマが合っている場合）。私が会ったASD者は、知識と知性を重んじる人ばかりだった。私たちの多くは、優れた学習者（そしてたいていの教師）になるために必要な素質を持っている。細部へのモノトロピック

（単一志向的）なこだわり、完璧主義、ハイパーレクシア（過読症）。にもかかわらず、学校や大学が人生で最悪の時期になることがよくある。**何かがひどく間違っているのだ**。その間違いとは、教育制度が柔軟性と思いやりを持つことを頑なに拒んでいることに他ならないと、私は考えている。伝統と昔ながらの理想に縛られた我が国の硬直した教育制度は、ＡＳＤ者の学生を幾度となく失望させている。あちこちで小さな進展が見られるとはいえ、英国の教育制度全体が「ＡＳＤフレンドリー」と分類されるまでには、まだまだ道のりは長そうだ。

第6章

職場は危険がいっぱい

必要な調整について

Employment and Other Hazards

ＡＳＤでも働ける？

最近までずっと、私は常勤の職場で働いてきた。高くついた無意味な修士号を取得したあとの２００５年のごく短い期間を除けば、私は常に職を持ち、毎朝毎晩、生き延びるのに十分な収入を得ようと律儀に職場に通っていた。しかしＡＳＤの診断から5年経った今、私は自営業を営み、毎日家にいる。

このことは、ＡＳＤの診断と無縁ではない。

自分の性格的に外で働くことが合わないかもしれないと初めて気づいたのは、14歳でアルバイトを始めたときだった。バイト先は初めての仕事にふさわしい、おかしいくらいふわふわしたかわいらしいものだった。パディーズ・ペットという小さなペットショップで働いたのだ（「パディーズ」の由来はわからない。オーナーの名はロジャーだった）。そこは自営の小さな店で、隅々まで異臭に満ちていた。私の仕事は毎週土曜日の8時間、棚に商品を並べ、床を掃除し、ハムスターのケージをきれいにすることだった。時にはレジを打ち、お客さんとコミュニケーションを取らなければならないこともあった。私はそれが嫌だった。

今にして思えば、この仕事はまったく問題なかった。オーナーは親切で、ほかの従業員も感じが良かった。仕事は簡単だったし、かわいいげっ歯類や小鳥と遊ぶこともできた。給料までもらえた。にもかかわらず、私は惨めだった。当時は（そしてその後20年近くも）その理由を、自分が救いようのない怠け者で仕事嫌いだからに違いないと思い込んでいた。私は自分の性格の目に見えてダメな部分を乗り越えようと懸命に努力した。こんな単純で、あまりお金にならない仕事で苦労している自分が恥ずかしかった。学生時代の友人たちがアルバイトに打ち込んで、試験に合格したときのために車を買う資金を貯めているのを見ていると、なおさらそう思えた。自分が現実の車を買えるほど働くなんて、考えるだけ無駄だった。一回のシフトをこなすのすらやっとだったのだから。

問題は、いつもひたすら不安だったことだ。お客さんと接するのが怖くて、こまごまとした仕事に絶えずおろおろしていた。学校ではAやBの成績をとっていたのに、レジの操作がどうしても覚えられず、恥ずかしい気持ちでいっぱいだった。担当の仕事が覚えられないときは、そのやりかたを間違えるのが怖かった。被害妄想のせいではなく、本当に単純な仕事でもよく間違えていたからだ。英語の小論文やフランス語の練習問題、地理のテストはとても簡単に思えるのに、なぜこういう作業すべてがこれほど難しいと感じるのか、どうしても理解できなかった。一日の作業計画を立てる能力はないに等しく、午後2時ごろにはとんでもなく疲れて、立ったまま眠りに落ちそうになった。でも、頼りになる基準があるわけではなかった。私の唯一の頼みの綱は、みんなが自分のように感じているか、あるいは（その可能性のほうが高いのだが）自分は怠け者のクズで、自業自得なのだと思い込むことだった。

その結果、ＡＳＤをはじめとする多くのニューロダイバージェントに広く当てはまることだと思うが、**仕事の場にいると自分は役立たずであるという漠然とした感覚が湧き上がり、自尊心を失ってしまう**。単純に克服できない困難が多く、必要以上に過酷に感じられるのだ。常に圧迫感を感じ、労働の日々に対処できないことで精神が蝕まれていく。私が38歳までこの状態をなんとか保っていたのは驚くべきことだ。なにしろ四半世紀近くもの間、自分の能力不足を感じ、毎日の日課に忙殺され、びくびくし通しだったのだから。

データによれば、成人ＡＳＤ者のうち、パートタイムや臨時雇いを含め、何らかの仕事に就いているのは22％程度である。このデータにはおそらくかなりの欠陥がある。未診断であるのと同じ理由で、（少なくともさしあたりは）雇用の世界になんとか入っていける数千人の未診断のＡＳＤ者がいることはほぼ間違いない。しかし、このような人びとを考慮に入れても、あまりにも多くのＡＳＤ者が自分が働くのは不可能だと感じていることは明らかである。仕事がなければ自立もしづらく、質の高い生活を維持することはきわめて難しい。そのため、膨大な数の成人ＡＳＤ者が両親に頼るか、政府の気まぐれ頼みにならざるを得ない。これは良い状況ではない。

このような深刻な統計が出る背景には、さまざまな要因がある。そのうちのいくつかは、ニューロダイバージェントの人びとが勤めやすくなるような協調した取り組みと意志さえあれば、驚くほど簡単に対策できるものである。悲しいことに、今日にいたるまで「ＡＳＤフレンドリー」な職場にしようとする試みはひどく断片的で、その質にもばらつきがある。状況は改善されつつあるようだが、現状の進歩は氷河の動きさえせっかちで向こう見ずに見えるほど遅い。だから読者の中でたまたま大きな変化を起こせる権力を備えた立場にある人に向けて、職場そのものについて考えることから始めよう。

職場の恐怖

すでに何度か述べたように、私は身長が２メートルほどあり、世間にすんなり溶け込むには背が高すぎる。電車や飛行機ではゆったり座ることができないし、洗い物やシャツのアイロンがけは背中をかがめて腰を痛めながらやっている。ドア枠や照明器具、スーパーの50％オフの看板に何度も頭をぶつけたせいで、私の頭は傷跡だらけだ。そのため、自分に合った世界で幸せに暮らしている他の人たちと比べて、私は特異な存在、はみ出し者のように感じている。ニューロダイバージェントであることも、似たような「他者化」である。**私の家が明らかに平均身長の人のために設計されているのと同じように、世界のインフラや社会全体が定型発達者のために設計されている。**私たちが働く場所も例外ではない。

前章で取り上げた学校と同様、職場環境は当然ながらＡＳＤ者には過酷である。これは意図的なものではなく（少なくともそうでないことを願う！）、ＡＳＤの特性がわかりにくくて周囲のレーダーにひっかからず、基本的に不可視であることの副産物にすぎない。ＡＳＤ者には、それを満たすことで環境に耐えられるようになる特定のニーズがある。問題は、こうしたニーズがほとんど知られていないどころか、認知すらされていないことだ。

ＡＳＤ者でない人びとにも、職場環境に対する要求があるのはもちろんだ。なにしろ人間なのだから、光の質、温度、快適さなどの好みがある。そのため、イギリスでは多くの職場が、そしてアメリカの一部など気温の高い地域ではさらに多くの職場が、エアコンを標準装備している。このカタカタ音のする機械はあちこちのオフィスビルにあり、そこで働く人びとの大多数にいちばん「適切な」範囲まで職場環境を冷やすことを目的としている。誰もこのことに疑問を抱かないし、通常はとても良いことだと考えられている。

そう、誰もこのことに疑問を持たない。

そこでＡＳＤ者が自分のニーズに合うような環境適応を求めると、返ってくるのはうつろな顔と戸惑いだ。ときには情け容赦なく「かまってちゃん」「面倒くさい人」だと非難されることもある。しかし、何が違うというのだろうか。**定型発達者は、自分たちのニーズに合うように注意深く設計された世界に存在している。なぜＡＳＤ者が、自分たちのニーズに合うような調整を求めてはいけないのだろうか。**温度も求めたい調整のひとつである。何度も出てくるからお気づきだとは思うが、これはＡＳＤの特徴である感覚過敏のせいである。実際、これから挙げる例のほとんどは、基本的にこの感覚過敏によるものである。なんといっても感覚過敏こそが、私たちが感じる困難のきわめて大きい部分を占めているからだ。定型発達者の許容できる範囲に比べて、快適と感じる温度の範囲が狭いASD者は膨大にいる。その上、涼しいほうを快適に思う人もいれば、温かいほうが快適な人もいる。そのため、定型発達者の大多数が慎重に調節している職場の温度を、多くのASD者が不快に感じることになる。

これはいくら強調しても足りない。私は涼しさを好むほうで、18〜19℃くらいが理想的だ。それで何が起こるかといえば、温度計が20℃（21℃なんてとんでもない）に近づきはじめると、ひどく不快になってしまうのだ。その症状は、深刻な病気と間違われるほどである。暑さでエネルギーが流れ出して枯渇し、頭に熱がこもって動きが鈍くなり、皮膚が息苦しくなって窒息しそうになる。気分はきわめて不快で、そんな環境に居続けざるを得なくなると（ファストフード店で働いていたときにこれがよく起きたのを覚えている）、ひどい頭痛と吐き気に襲われるのは確実だ。当然、生産性も落ちる。

だから私は、いつも窓を開けている。雪が降っていようが関係ない。イギリスの気候ではきわめて珍しいマイナス何十度というような気温でもない限り、窓を開け放てば生命を育む新鮮な空気が部屋中に流れ込み、私の気分を高め、ひどい不快感に陥るのを防いでくれる。2月にもなって自分のデスク側に扇風機を向けているのもそのためだ。負荷をかけすぎたコンピューターのＣＰＵやグラフィックカードのように、常に冷却させていないと故障してしまう。そして、これは外の世界でも言えることだ。トルコやチュニジアなど、海外の暑い地域で休暇を過ごしたことが何度かあるが、暖かい日差しを肌で感じるのは楽しいものの、周囲の暑さで果てしなく悲惨なことになる（少なくともストレスは感じている）。湿度が高いといっそうひどい。イギリスが熱波に見舞われれば、気温が再び下がりはじめるまで、私は大きな扇風機と冷凍庫から取り出した氷のボウルとともに引きこもる。

あなたが雇用主なら、気温がＡＳＤ者に与える潜在的な影響に注意する必要がある。彼らの机の上に扇風機を置いてあげたり、エアコンの近くにいたいかどうか尋ねたりしてみよう。逆に寒がりの場合は、机回りに小さなヒーターを設置して、不快な冷風を和らげることは可能だろうか。これらは簡単な解決策で、おまけに比較的安価だから、すぐに改善できるはずだ。

それから照明の問題がある。この問題をいちばん引き起こすのは、ブーンという音のする長い棒状の蛍光灯だ。多くの人は音に気づかないが、ＡＳＤ者にとっては悪魔である。ブーンという音がひっきりなしに続くので、20分もいると怒れる漫画の登場人物のように天井から蛍光灯を引きちぎってぶっ飛ばしたくなる。私たちＡＳＤ者が電気を「聞く」ことができるというのは、界隈ではありがちな話である。私は幼い頃からリビングのテレビがスタンバイ状態かどうか、離れていても聞き分けることができた。スマホの充電中は、低いハムノイズのような音が何をしていても頭の中に入りこんでくると報告するASD者も多い。

そして、照明が放つ光も問題となる。蛍光灯はどういうわけか、ニューロダイバージェントの脳とはまったく相性が悪い。光のチラつき、つまり均一性のなさは、パチパチ音を立てるロウソクのような魅力はなく、網膜に繰り返し直接光を当ててくる懐中電灯のような悲惨さしかない。この種の照明は控え目に言って気が散るし、最悪の場合は積極的に有害である。頭痛や眼精疲労、気分の変調をもたらし、メルトダウンまで引き起こすこともある。

もしあなたの職場に棒状蛍光灯があれば、ASD者は意識的にせよ無意識にせよ、ほぼ確実にそれを嫌うだろうと言い切れる。私は長年、完全に無意識ではあったが、それをひどく嫌っていた。気分が悪くなったり、頭痛がひどくなったりするのは、こうした照明がある部屋にいるせいだと関連付けるには、実に努力を要した。教師時代に職場で受けた合理的調整のひとつは、教室の照明のアップグレードである。新しい照明は昼光を模して設計されたもので、完全に無音だった。おかげで、頭痛の頻度は大幅に減少した。

興味深いことに、これら二つの対処法（室温と照明の問題に柔軟に対応すること）は、ASD

ではない人にも役立つかもしれない。普通の人たちの中にも、質の悪い照明によって引き起こされる偏頭痛に悩まされている人が大勢いる。**定型発達者が一枚岩であるがごとくに全員が同じ室温を心地よく感じていると言うつもりもない。**雇用主が希望の室温に柔軟に対応し、より健康にいい照明に切り替えて労働環境を調整すれば、ニューロダイバージェントの従業員だけでなく、すべての従業員の生活が改善されることは間違いないだろう。

　感覚的な問題とは別に、ホットデスクという悪夢がある。ありがたいことに、私はこのシステムを強いられたことはないが、どうやら徐々に浸透しつつあるようだ。経験したことがない人のために説明すると、ホットデスクとは、従業員がオフィス内に「個人」専用のデスク・席を持てないシステムだ。これまでの会社員は机回りに自分のパソコン、家族写真、ストレス解消に必要な玩具、汚れたコーヒーカップの山を置くことができたが、今ではノートパソコン持参で出社すると、自分のお気に入りの場所（風通しのいい場所や暖房の近くなど）が経理のケヴィンに占領されているといった具合だ。これは一般社員にとっても十分に悪いことだが、ASDの社員にとっては大惨事としか言いようがない。

　仕事にはストレスがつきものだ。この章で説明した感覚的な側面に加え、付き合いの問題、上下関係や指示などの問題がある。快適で厳格なルーティンを確立するのは、極度のストレスに対するＡＳＤ者の反応であることが多い。それを奪ってしまえば、甚大なダメージを与えることになる。毎日オフィスの違う場所に座っていたら、しっかり定まったルーティンを確立できるわけがない。

教師時代は仕事柄、非常によく似た問題に対処する必要があった。これを読んでいる教師なら誰でも気づくだろう。いきなり違う教室で教えることを強いられる問題だ。前職では自分の担任クラスは安息の地であり、聖域だった。教えを乞う騒がしい子どもたちで溢れかえっていても、それでもなお「ホーム」であった。コンピューターは、自分の好みに合わせて正確にセットアップされていた。モニターはくっきりした解像度で（私はぼやけた画像が我慢できない）、デスクトップのフォルダは好きな場所にあり、マウス感度はちょうどよかった。私のデスクは正確に制御されたカオスのワンダーランドで、書類の山は私のキャリアの地層を表しており、山の底にある書類は4、5年前のもので、基本的に忘れ去られた古代の化石のようなメモであることが多かった。私の本棚は私物の本のほか、さまざまなレゴのキットでいっぱいで、そのほとんどは昼休みにデスクで作ったものだ。デスク回りは職場とは思えないほど幸せな空間だった。授業が終わって自由時間が始まると、私はわかりやすくリラックスしてオフィスチェアに沈み込み、扇風機の風を顔に当て、シャンプーのＣＭのように髪をなびかせたものだ。

そして突然、この部屋から引きずり出され、今まで入ったことのない部屋で教えることを強いられる。病欠の教師の代理を頼まれることもあれば、時間割があまりに複雑怪奇で理解しがたいせいで自分の教室がテキスタイルの授業に取られてしまうこともあった。同じような不合理で非実用的な理由で、美術室や音楽室で授業をせざるを得なくなることもあった。理由は何であれ、私のメルトダウンのメーターはいつでもレッドゾーンの手前にあった。コンピューターを起動すると、1990年代半ばの平凡な教師がゲームを楽しむために使っていたんじゃないかと思うような800×600の解像度のモニターに出迎えられるのだ。目が恐怖で悲鳴を上げる。マウスが画面上を移動する速度が、大陸移動とほぼ同じペースだと感じる。授業が始まると、潜在的なエネルギーが耳をつんざくような唸りをあげ、脳の前部でパニックが起こりはじめるのを感じる。見慣れない壁と、カラフルで心地よいレゴの家や乗り物がない不穏な雰囲気が迫り来る。部屋の暑さと奇妙な湿度、そして扇風機がない恐ろしさに不安どころではなく、どっと汗がふきだす。

これは誇張に聞こえるかもしれないが、教室から追いやられた私の反応はいつもきわめてネガティブで、残念ながらどうすることもできなかった。大事な試験の前に不安を抑えられないのと同じように、このパニックには抗えなかった。もちろん私は、いつでもそれをやり過ごすことができた。幸いにも完全にメルトダウンに陥ることはなかったが（間一髪ということはよくあった）、後遺症が何時間も体内に残っているように感じ、翌日にまで及ぶことも多かった。（キャリア9年目で）診断が下りたことで職場から合理的調整を提案されたとき、二度と教室から離れずに済むようにしてほしいとお願いしたのは、驚くにはあたらないだろう。職場は同意し、私は1年ほど、安息の地であり、セーフスペースである自分の教室だけで快適に過ごすことができた。２０２０年にこの状況は一変する。パンデミックが発生すると、既存の規則や慣習がすべて捨て去られた。私は数日しかもたず、辞めざるを得なかった。ＡＳＤの私は、新しい現実に対応できなかったのだ。

だから私は、ホットデスクの問題をある程度理解している。

もちろん、このような問題に対するひとつの答えがある。それは、新型コロナのおかげでここ数年で鮮やかに負荷試験を終わらせたばかりの解決策「在宅勤務」である。ＡＳＤ者全員を代弁することはできないが、在宅勤務の浸透は私たちにとってかなり大きなプラスだと思う。自分の家以上に制御された安全な空間があるだろうか。通勤の負担に対して、そもそも通勤しない以上に良い対策があるだろうか。コピー機近くの廊下での無意味でストレスフルな世間話を不要にするために、同僚がコンピューターの画面以外にいないこと以上に効果的なことがあるだろうか。

職場の社会的生物圏にダメージを与えたと、在宅勤務を悪く言う人は多い。しかしASDである私が嬉々として悪く言えるのは、社会的生物圏そのものである。自宅のリビングに座って好きなだけレゴと本に囲まれ、扇風機の風を直接顔に浴びながら働くチャンスがめぐってきたことを、私は心から歓迎している。悪い知らせは、せっかくたくさんのASD者がルーティンを確立して幸せになれたのに、人びとをオフィスに戻そうとする動きがそのルーティンを壊しかねないことだ。やっとのことで手に入れた居心地のいい仕事場への愛着も、台無しになってしまうだろう。もし社会が正しくあろうとし、ニューロダイバージェントの人びとが勤めやすい環境をつくろうとするなら、在宅勤務は選択肢として残しておく必要がある。

拒絶敏感不安症（RSD）の害

私はいつも批判されることを恐れてきた。それがどこから始まったのかははっきりしない。

誰かの言葉にほんのささやかな批判の含みを感じ取るたびに、自分がこれほど強い感情的反応を示す理由もわからない。この本の批評が現れはじめたら、羽毛布団の下にでも隠れて断じて読もうとしない自分が想像つく。

物心ついたときからずっとそうだった。どんな形であれ否定的な注目を浴びると、私の反応は極端にふれた。子ども時代の鮮明な思い出のいくつかは、この性質に関連するものだ。8歳くらいの頃だったたか、小学校の給食の列に並んでいたことを覚えている。記憶によれば、校長先生が列の私の近くに現れた。教師を経験した今はわかるのだが、彼女は教育者としての地位を利用して、列の「横入り」という古来の権利を行使していたのである。そして彼女は私に言った。「あなたはここに入学してから、問題児以外の何者でもなかったわねえ」

さて、皆さんにはこのことを心に留めておいてほしいのだが、私はおそらく想像しうる限りいちばん無害な生徒だった。学校でのストレスや緊張への私の対応は、背景に溶け込んで壁のペンキの前に立っても見えなくなることだった。いかなる教師が私を「問題児以外の何者でもない」などと非難できたというのか。ばかばかしいとしか言いようがない。しかし、8歳の私の脳はそんなふうには考えられなかった。私はひどく傷つき、このことは深く心に刻まれた。それから30年後、私はこうしてあなたにこのできごとを報告している。現実と常識に照らし合わせれば、校長は私を誰かと見間違えたか（彼女が私と見間違えたかわいそうな子どもが誰だったのかは不明だが）、あるいは実際には違うことを言っていたのだが、おそらく曖昧な言い回しだったために私の脳がきわめてネガティブな曲解をしたのだろう。

ここには、一部のＡＳＤ者やＡＤＨＤ者がそのせいで生活に特別な負担がかかっていると報告する、ニューロダイバージェントにはわりあいありがちな特性が働いている可能性がある。これは拒絶敏感不安症（Rejection Sensitivity Dysphoria、ＲＳＤ）と呼ばれるもので、私は「負担」という言葉を意図的に用いている。通常、私はニューロダイバージェントに関してできるだけポジティブであろうと努めているし、純粋に楽観視しているところもたくさんある。しかしＲＳＤに関しては、良い面を見いだすことが非常に困難だ。ＲＳＤは本当に有害な特性で、私の人生に不幸しかもたらさなかった。遂行機能障害と並んで、ニューロダイバージェントの「特徴」の中で最も私を無力にするものだ。そのはたらきを説明する前に、「敏感（Sensitivity）」という言葉について少し触れておこう。繰り返しになるが、ＡＳＤの特性は、ある刺激（この場合は拒絶や批判）に対する過敏さを中心に構築されている。もしＡＳＤに「大統一理論」があるとすれば（モノトロピズム（単一志向性）が有力な候補である）、一部の人が示唆するようにその核心は、あらゆる入力に対するこの強烈な敏感さなのだろう。

拒絶敏感不安症は、一見ささいであれ取るに足らないことであれ、あらゆる否定的な注目に対する一連の反応の総称である。この反応はかなり行き過ぎに見えることがあり、原因となった批判や拒絶が小さいほど特に目立ちやすい。ＡＳＤ者がメルトダウンを起こす主な原因でもある。きっかけの多くは人格を拒絶されることだが、反応を引き起こす拒絶はそれだけとも限らない。何かを批判されたり、無視されたり、単に見過ごされたりといった、あらゆるネガティブなやりとりが不釣り合いな反応を引き起こす可能性がある。私のネガティブな感情のおそらく80パーセントは、何らかの形でこのことに起因しているとみている。もしＲＳＤがなかったら自分はどんなにお気楽でいられただろうかと、ありえないことを考えてしまうくらいだ。そして私にはそれを制御する手段がない。少なくともまだその手段を見つけられていない。それはただ存在する。邪悪なゴブリンのように私の心の中に棲みつき、自分がどれだけ多くの点で嫌われているのかを思い起こさせて、私の心を絶えずさいなむのだ。

その反応は瞬時にあらわれるので、思考プロセスを解読するのは難しいが、おおよそ次のようなプロセスに近いのだろう。

1．刺激が起こる。たとえば、誰かの「あー、私も好きじゃないんだよね」といった漠然とした言葉が耳に入る。

2. 脳が即座に私、私の性格、および私の外見に対する批判として解釈する。

3. 実際には、コーヒーの銘柄やドーナツのフレーバーなど、ほかのことについて言っていたのだと明らかになる。

4. 自分が悪く言われたわけではないという保証が得られても、脳は以前の平静な状態に戻るのを拒む。悪口はすべて私に向けられたものだといまだに確信しているかのように、脳は何時間もその場面全体を思い返してくよくよする。

私はこういうときいつも、面白いほど理不尽に衝突するASDの特性が二つ、もしかすると三つ「同盟」を組んでいるように思えてしまう。ASD者の脳はあわてて結論を出す性質があり、耳にするものすべてから意味を読み取ってしまう（はっきりものを言わない定型発達者のおかげだ）。そこに「自閉症的無気力（autistic inertia）」が重苦しく混合され、私たちは前に進むのも道を変えるのも非常に時間がかかってしまう。

こうなるとたくさんの苦労がある。まず、単純に疲れる。いつもこのような状況に置かれることを想像してみてほしい。たとえば、実際に仕事で何かをやらかして、そのことを気にしているとしよう。その時、上長と話しているあなたの上司が、時折あなたのほうを横目でチラチラ見たり、指差したり、ことによるとあなたのいる方向に向けてうなったりしているのを見たとする。あなたはそわそわして、とても心配になるだろう。そうなるだけの理由もある。なんといっても、あなたがしたことが何であれ、ピンチに陥りそうだという兆候はすべてそこにあるのだ。**さて、あなたの脳がこの証拠（指差し、チラ見、唸り声）の大半を捏造する能力を持っていて、それを果てしない情熱で職場で目撃したほとんどすべてのやりとりに適用すると想像してみよう。**あなたが何も悪いことをしていなくても、である。それがＲＳＤだ。考えるだけで疲れてしまう。

第二に、とても不安になり、自信をなくしてしまう。特にニューロダイバージェントの場合、これは職場において良いことではない。ＡＳＤ者はただでさえ、仕事に向いていないと か、適切な能力が無いと感じる不安要素を多く抱えている可能性が高い。職場の付き合いから排除されていると感じやすいのも、その一例だ。後述するように、指示や命令を誤解しているのではないかという恐怖も常につきまとう。すでに不安要素が混ざり合ったこの危険な状態にＲＳＤが加わると、その人は仕事で活躍する可能性がさらに低くなり、重度の不安や本格的なうつ病など、ある種の精神疾患はほとんど避けられなくなる。

第三に、これがいちばんきついのだが、自分の被害妄想が根拠のあるものだと証明されることが何度もあることだ。自分の恐怖が現実のものとなり、上層部から叱責の雨あられをさんざんに浴びるのである。このようなことは、私の人生でおそらく3回ほど起こった（自分では１０００回ほど予想していたが）。**叱責が私のＲＳＤをさらに大きく育み、ＲＳＤに説得力を与え、被害妄想だと理性で自分を納得させるのがますます難しくなった。**なにしろ一回は正しかったことがあるのだから。教師になって3年目のとき、精神状態が悪化して仕事がうまくいかなくなり、校長から完膚なきまでにやっつけられたことがある。運動会の日に、職員や父兄の前で5分間みっちり暴言を浴びせられたのだ。このことで、これまで経験してきたＲＳＤの恐怖がすべて裏づけられることになった。

学期末、私はショックを引きずったままその学校を去った。今となっては、校長は私が一時期仕事のやりくりに苦労していたという報告を受けていたにもかかわらず、私に接触して大丈夫かどうか確認するどころかその職務をため込み、最終的に私に向かって爆発させたのだとわかる。言わせてもらえば、これは職員をケアするいいやりかたではないし、隠れた障害が職場でいかにひどい結果を招きかねないかを示すわかりやすい例でもある。このことは私に権威に対する根深い不信感を植えつけるとともに、心の中にいつも潜んでいるＲＳＤに『そう、みんなはきっと自分の仕事ぶりがひどいと思っている」という不安の正しさを証明してみせたのである。

ここで学ぶべき教訓は――ニューロダイバージェントの人のみならず、全人類のためになる行動だと私は心から信じている――同僚について懸念があったり、従業員が通常の水準の仕事をしていないと感じたりしたら、それを当人に伝えるということだ。**ポジティブな部分に焦点を当て、「手伝えることはない?」という態度をとることで、ニューロダイバージェントの職員がてこずっているRSDを、完全になくすことはできなくても、軽減できるかもしれない。**

もし校長や直属の上司が、私のパフォーマンスが落ちていることについてもっと早く話してくれていたら（あるいは、年1回の業績評価ではなく、半年に1回の業績評価が普通だったら）、私は自分の問題について打ち明けることができただろう。その時点で自分の障害を知らなかったのは確かだが、話し合いから診断にたどりつく道が開けた可能性はある。少なくとも、雇用主が私に抱く不満の圧が高まるのを防ぎ、楽しいはずの日に保護者たちの前で不満を爆発させるのを食い止められただろう。拒絶敏感不安症は制御するのが難しく、このような対策で自分を「治癒」させられるとは思わない。だが、ＲＳＤの最大の武器である「だから言ったのに」とあざけるようなささやきを奪うことはできただろう。

指示、命令、ルールの曖昧さ

社会的相互作用についての学習の大半を、私たちは学校生活の早い段階から（多くはいじめやケンカ、全員から仲間はずれにされるなどの苦労を伴いながら）行っている。人付き合いにおける賭けは高くつくが、幸いなことに子どもたちは成功しなくても衣食住に困ることはない。子どもには失敗をする猶予があり、その時は大きな衝撃を受けるとしても、学校でのネガティブな経験からはそれなりに立ち直れることが多い。しかし20代半ばになると状況は一変する。職場での暗黙のルールは、学校の校庭でのそれと同じように不可解で、非論理的で、まったく理不尽である可能性がある。問題は、これらを一度でも間違えると職場から追い出され、ひどい経済的苦境に陥りかねないことだ。

私がしょっちゅうつまずいていた病気休暇の取得について話そう。英国では病気になることが許されている。大西洋の向こうの米国では、在職中に病気になることはある種の犯罪とみなされ、傷病手当金をもらえる可能性は非常に低いというのが暗黙の了解となっている。だがここ北ヨーロッパでは、時には運命に翻弄されてやっかいな病気で倒れることもあると考えられているため、病気になったからといって飢えたり職を失ったりするべきではないとされている。

あるいは、そういうことになっている。

規則にはそう書かれているかもしれない。法律にはそう書かれているかもしれない。しかし現実の世界での運用は、また別の話である。確かに、傷病手当金は支給されるし、こじらせたインフルエンザから復帰してもデスクはそのままだ（ホットデスクでない限り。その場合はもう1週間休んだほうがいい）。しかし、本当に病気になっても問題ないのだろうか。法律では年間○日休めると謳っていても、遠慮なく手当を最大限に使って休んだ場合、職場によっては雇用主の態度が非常に冷たくなるかもしれない。こういったたぐいのことに、ASD者は本当に苦労させられる。あるASD者からは、偏頭痛で何日か休んだことで、自席にいるときに同僚の前で叱りつけられたというひどいできごとについて聞かされたことがある。なんでもまとめて休むのではなく、バラバラの日に休んだことが問題になったそうだ。「暗黙のルール」がこんな調子では、失望するしかない。

ASDやマスキングの性質上、てんかんやエーラス・ダンロス症候群や偏頭痛といった合併症の有病率は高く、年間何日か休まなければならないのはほぼ避けられない。私もひどい偏頭痛に悩まされているが、おもな原因は不安と感覚過敏にあり、いずれもASDであることが本質的に関係している。今のような自営業ではなく、勤め人をしていた頃は、毎年病気休暇を上限まで使い切るのが常だった。規則で一定の日数が認められているのだから、一般的なASD者の反応としては、既定ではその日数を休んでも絶対に大丈夫に違いない、と考える。病気休暇を全部使い切らないのはあくまでサービスであり、休んだとしても許可されているのだからオールオッケー。これが論理的な考え方だ。まったく筋が通っている。しかし、現実はそういうわけにはいかない。

現実には、法律として成文化されていないルールが存在する。それは組織や個人によってさえ異なり、事前に尋ねることも許されていない。代わりに行われているのは奇妙な運任せのゲームで、病気休暇や有給休暇の取得にはリスクが伴う。まるで賭け金の大きなブラックジャックで、病気で休みすぎて雇用主を怒らせてしまうかもしれないという理由で、ステイではなくもう一枚カードを引くのを選ぶようなものだ。法律で定められた休暇の付与日数とは関係ない。病気に対する雇用主の一般的な考え、雇用主の総合的な同情心に基づくものだろう。これはASD者の脳には納得できるものではなく、単純に筋が通らないと考える。**ルールや割**

り当て、法律で定められた上限よりも、はっきりしない任意の方針のほうが優先されるのであれば、ルールに何の意味があるのだろうか。しかし、世の中はそういうふうにつくられていて、ＡＳＤ者はすでにそのような絶望的な現状を疑う気にもなれないほど辛酸をなめている。

職場の運用にも曖昧なところがたっぷりある。休憩の取り方から締め切りにいたるまで、すべてに職場独特のしきたりがある。そのしきたりを知るには、せいぜい先輩職員と話をするくらいしかない。休憩時間は30分？　もちろんかまわないが、20分以内に自分のデスクに戻るのがベストだ。そうしないと管理職のダークに怠けていると思われる。自分の誕生日に職場のみんなのためのバースデーケーキを持参する必要はない？　けっこう。だが持ってこなければ、ここで働く間ずっと浮いてしまうだろうね。ダークは金曜の終業時間までに仕事を終わらせろと言っている？　ああ、彼がそう言ったら、実際は木曜の午前10時までって意味なんだ。なんでかってそりゃ、まさに人知の及ばざるところだよ。

私が教師をしていた頃、学校の終業時間は午後3時で、午後4時まで学校にいることが求められていた。それはいいのだが、午後4時きっかりに帰るとあからさまに白い目で見られ、朝から晩まで忙しく働き午後6時以降まで残る教師たちよりもどこか劣っているとみなされた。これは私にとって決してフェアなことではなかった。

スケジュールや締め切りは、実にいいものだ。私はときどきそれを守るのに苦労するが（ここでも遂行機能障害が邪魔をする）、その概念はありがたく思っているし、それらは世界に立ち向かうのに本当に役立っている。**だけど、どうかASD者に締め切りを守らせたいのなら、本当のことを言ってあげてほしい。**だらしない怠け者だと思われないようにするために、正しい最終時間を教えてあげよう。ほのめかしてはいけない。せっかく守ったのに怒るような締め切りを伝えてはいけない。正直に、あなたが実際に仕事を完了してもらいたい時間を伝え、その時間までに仕事が終わることを期待していると言えばいい。

あらためてこうやってすべてを実際に書き出してみると、定型発達者のコミュニケーションの奇妙さに首をかしげてしまう。あまりに多くのことが明文化されず、隠され、曖昧なままだから、実際に何かを成し遂げられるのか不思議に思ってしまう。このようなやりかたは、大多数のASD者には通用しない。私たちASD者はもっと公平なワークスペースのありかたを常々模索していて、たとえば次に挙げる小さな（そして通常はお金のかからない）変更を施せば、ASD者の生活を大きく改善することができる。

● これまで述べたように、締め切りを含む要件について完全に透明性を確保すること。加えて、あなたの指示や要求に、察しなければならない部分がないか確認すること。ある特定の方法で体裁を整えてほしいなら、そう伝えること。複数のコピーが必要なら、その旨を説明する。特定の場所に備品を置く必要があるなら、その旨を伝える。何よりも先にコーディングを完了させなければならないなら、その優先順位を明確にする。完全に自明なことをＡＳＤ者に伝えるのは、侮辱にはならない。上から目線の口調などではない限り、ほぼ必ず感謝されるだろう。

● どのような種類の仕事でも、（可能な限り）口頭だけでなく文書でも指示するようにする。ＡＳＤ者の多くは、口頭で伝えられた情報を記憶するのに苦労することがある。なにしろ私たちは仮面を維持し、人の目を見ようとするだけで精一杯なのだ。何かを理解している間の私には、あなたがアニメに出てくるチャーリー・ブラウンの担任教師のようにワウワウ言っているだけに聞こえるかもしれない。メールで伝えてもらえれば、都合の良いときに必要な情報を探し出せる。メールには、整理整頓がしやすいというおまけ効果もある。メールをフォルダに分類したり、色とりどりの小さな旗を使って優先順位をつけたりすることができるからだ。正直に言えば、メールはいろいろな意味でひどく面倒なところがある。だが整理整頓のしやすさではピカイチだ。

● ニューロダイバージェントの職員にとって、リマインドしてもらうことは大きな助けになる。前職での私に対する「合理的調整」のひとつが、重要な仕事について「ダメ出しせずに」リマインドしてもらうことだった。これは遂行機能障害へのもう一つの対処法だが、「ダメ出しせずに」という部分が本当に重要なのだ。リマインドするのを嫌がったり、リマインドを必要とすることが怠慢の現れであるかのように言ったりしないでほしいのである。

● サプライズで仕事を増やさないでほしい。月曜の朝に突然新しい作業を要求されるスリルに興奮する人もいるかもしれないが、ASD者の大半はそうではない。何かさせたいことがあるなら、余裕をもって知らせてほしい。これは、無気力や注意の切り替えが遅いという問題を避けるためだが、病理的要求回避症候群（PDA）が現れる可能性もうまく回避できる。

職場でできるこうした調整のほとんどは、非常に安価または無料で簡単に実施できるものであり、その中心にあるのはおおむね基本的な思いやりの概念であることは、もうおわかりいただだけたと思う。この章で述べたことは、大多数の雇用主にとって手の届かないものではない。こうしたアドバイスが採用され、常に適用されるなら、少数派のニューロダイバージェントにとってどれほど楽な状況になることか。ＡＳＤ者が仕事に就き、経済的自立を維持できる割合も、おそらく徐々に増えていくことだろう。なんとすばらしい未来だろうか、だが、そうできるだけの力を握っているのは、定型発達者の皆さんだ。私たちＡＳＤ者はこのことを長い間訴え続けているし、そのうちの何人かはそれをテーマに本を一冊書いたりしているが、ことわざにある「牛の歩み」のごとしである。定型発達者の皆さんが立ち上がってくれるまでは、何も変わらないのだ。

社内政治と上下関係

私がかつて受けた面接の話をさせてほしい。私は数年間、学校の英語科の主任を務めており、かなりうまくやっていた。ある時、学校上層部に1学期間ほど配置されるチャンスがめぐってきたので応募することにした。面接では、なぜその仕事をしたいのかと聞かれた。まずご理解いただきたいのが、この時点で私は上司と十分に親しくなっており、冗談を言い合ったり、くだらない話をしたりするのが常だったということだ。これは気心の知れた仲の良い相手とするたぐいのことである。そのため面接では、安心して自分らしくいられると思った。なにしろ彼らは私のことを何年も前から知っていて、少なくとも一度は一緒にパブに行ったことがあるのだ。彼らを笑わせたことだってある。

私は椅子の背に少しもたれかかり、ＡＳＤと診断されてもリーダー的役割を果たせることを証明するために、自分を成長させたかったのだと説明した。それから担任している教室に引きこもりがちなので、教室から出てもっと学校全体に関われるようにがんばりたいと伝えた。いつもの自虐もまじえた。「ドアをノックされても小部屋に隠れているような奇妙で小さな仙人［「コビトユミハチドリ」という和名を持つ全長9センチメートルほどの小鳥の名〝little hermit〟（小さな仙人）にかけている」になってしまったら困りますからね」。冗談のつもりだった。だが、自分の性格についてみんなが思っているであろうことをしっかり踏まえたうえでの冗談だった。自分が少し偏狭な人間で、よそよそしいと思われているであろうことは知っていたし、おそらくどの雇用主も中間管理職にはもう少し目立つ人物を望んでいるはずだとも思っていた。

だが、私は状況を見誤っていた。

その日のうちに副校長がやってきて、申し訳なさそうに私がその地位に就けなかったことを告げた。その理由のひとつは、自分の能力についてあまりにも否定的で、自虐的であるように見えたからだという。要するに私は、仕事のルールをはなはだしく誤解していたのだ。結局のところ、ばからしいくらい自分を最大限良く見せるのが、面接のルールなのである。「あなたの最大の弱点は何ですか」という質問に対してさらにポジティブなことを答えるという古いジョークは、この現象について警告を発してくれていたのだと思う。それなのに私は、向かいあった人たちとの関係性によって、何を言っても大丈夫だという誤った感覚に陥ってしまった。今となっては、むしろ初対面のように距離を置いたよそよそしい態度をとり、大真面目に誇張して答えるべきだったのだとわかるが、時すでに遅し。

一言でいえば、私はやらかしたのだ。ASDについて把握した今は、そうなった理由を正確に理解しつつある。ASD者は（しつこいようだがあくまで一般論である）、上司、警察、政府、教師といった権威ある人物に対してある種の盲点を持っている人が多いようだ。なぜそうなるのかは議論の余地があるだろうが、私の仮説はこうである。

いつも言うのだが、もし本当に重要な人物、たとえば女王やどこかの大統領に会ったとしたら、私が不適切な言動をとる可能性は100％に近い。どうしてかはわからないが、本当に権威ある立場にある人も、私にとっては何よりもまず一人の人間なのだ。したがって私が女王に会ったら、私の脳はデフォルトでこう考えるだろう。「気さくそうな老婦人だなあ。遠慮なく天気についてジョークを言ったり、『ご主人が亡くなった後はどうお過ごしで？』って聞いたりできそうだなあ」。これは「カッコよく」見せるためでも、ある種の反抗心からでもない。**そういう人物をまったく普通の人として扱うのは間違ったことだという観念が、私にはこれっぽっちもないのである。**誰かに指摘してもらう必要があるが、それでもなかなか理解できないだろう。はっきり言って私が女王の前でうっかりおならをしてそれを冗談で済ませる可能性を低くするには、実際に女王に会わない以外にないのである。

権威と上下関係は、社会的構築物である。私が四苦八苦しながら指摘したように、ASD者にはそれらを含まない独自の文化がある。ASD者が真の平等主義者だと言うつもりはないが（まあ私はほぼそうなのだが、そう言い切るにはまだ十分なエビデンスがないだけである）、そのような恣意的な価値観をあまり気にしていないように見えることは確かだ。**ASD者の多くは、権威とは本来獲得するべきものであり、単に権限のある立場に「いる」だけでは不十分であると考えている。**なぜ権限があるのか、相応の理由を示さなくてはいけない。相応の理由があっても、権限があるからといって普通の人間と何ら変わることはない。

実際問題として、こういう考えは深刻さのレベルは違えどやっかいな状況を多々引き起こす。一方でこれが恐れ知らずな態度につながり、それが権力者にとって価値あるものであれば評価されることもないわけではない。たとえば、「思ったことをそのまま言う」従業員が卑屈なおべっかを使わないという理由で、上司と良好な関係を築けることがある。だが逆に「敬意を欠いている」とみられる態度につながれば、反対の事態を招きかねない。最悪、権力者側にASDに関する知識がない状況だと、事態があっという間に制御不能に陥ってしまうかもしれない。相手が警察官の場合、これは現実的な恐怖である。こういう状況で適度な恐怖と服従の態度を示さないASD者は身柄を拘束され、最終的には逮捕されることになるかもしれない（地域によってはもっとひどいことになる）。

もしあなたが雇用者であるなら、こういう特性を認識し、ASDの従業員のあなたに対する態度への期待値を調整するのがよいだろう。権威に無頓着である結果、あまりにも多くのASD者が、あまりに多くのトラブルに陥っている。もういいかげん、ASDの従業員への理解を広げ、権威一般に対する態度が自動的に無作法とみなされないようにすべきだろう。定型発達のレンズを通してASD者の行動を見たり、彼らの視点を間違って解釈したりするのではなく、疑わしきはASD者に有利に解釈するよう配慮することには利点が多い。雇用主はASD

についてもっと知識を深め、ニューロダイバージェントの従業員を理解し、彼らが生き生きと働けるようにする必要がある。

なにしろ働きたいという意志があり、身体的にも働けるにもかかわらず、職に就いていないＡＳＤ者があまりにも多い。これでは自活できないし、自立した生活を送ることができない。その原因は多くの場合、彼らの行動が既成の規範からほんの少しズレているというだけなのだ。ＡＳＤとは何なのかまったく理解していない雇用主が多すぎるせいで、何十人、いや何百万人ものＡＳＤ者が生きるのに苦労している。これはＡＳＤ者の問題ではなく、職場の問題である。

この問題は、先に述べたような面接という奇妙な劇場で著しく顕在化する。**定型発達的な面接はＡＳＤの志願者からすると、まさに障害物競走のようだ**。重視されるのは、アイコンタクトや世間話、虚勢や自信、適度なユーモアのセンスなどで表現される「感じの良さ」という定量化しがたいスキルである。そう考えると、まるで面接とは、あえてＡＳＤ者を不利な立場に置くためのものであるかのように思えてくる。仕事のスキルや能力ではなく、職場でどれだけいい仲間になれるかを見るために面接を受けているように感じられることも多い。ニューロダイバージェントの志願者たちの大多数を排除しているように思われ、どうも私にはしっくりこない。次に、面接に導入できる簡単な調整をいくつか挙げよう。

● 面接を受ける人が事前に場所を確認できるようにするか、あるいは初めての場所における景色の変化やストレスに惑わされないようにリモート面接を許可する。
● 志願者が希望するなら、事前に質問を見せてあげて、そのことが不利にならないようにする。単純にＡＳＤ者の多くは、質問を処理して答えを練るのに少々時間がかかるのだ。
● 志願者の社交性をもとに判断しない。それが職務内容と関係ない場合は特に。
● 求人広告は正直に書こう。本当に必要なのはどの程度の経験なのか。ある特定の経験が「必須」であると広告にはっきり書いてあるにもかかわらず、雇用主は具体的な経験がほとんどない、あるいはまったくない優秀な候補者を受け入れてしまうことがあまりにも多い。私たちＡＳＤ者は言葉を真に受けるので、広告で要求されている資格や経験がなければ、わざわざ応募しようとは思わないだろう。これはフェアではない。

私は、企業や雇用主がより良い対応ができるよう、職場でニューロダイバーシティについて話したり、ASD者の視点から職場について説明したりしている。私が説明するのは、規則や求める内容をもっと明確にする必要があること、面接をもっと柔軟にする必要があること、ASD者は魔法のようなデータの魔術師ではないと理解すべきといったようなことだ。やるたびに私は、毎回ゼロから、つまり基本中の基本から始めなければならないことに気づく。単純にASDの知識がなさすぎるからだ。雇用者や人事部門がいまだに『レインマン』の言葉を引用し、「(a) ASD者を雇用することはできない」「(b) うちにはASDの従業員はまだいない」と思い込んでいることがあまりにも多い。大丈夫、雇うことはできるし、ほぼ間違いなく従業員の中にはASD者もいるだろう。

適切なサポートさえあれば、ASD者もほかの人と同じように生活費を稼ぐことができる。そして必要なサポートの大部分は、「コミュニケーションのちょっとした調整」や「ASDの特性を知ること」といった簡単で安上がりなものばかりだ。やらない理由があるだろうか。

第7章

休息ほどストレスのたまるものはない

Nothing So Stressful as a Rest

リラックスの試み

この章では、ADHDについても触れることになるだろう。ASDとADHDがしばしば併発し、特定の方法で互いに補完し合っているように見えるという両者の関連性はよく知られている。だが同時に、両者がどのように関連しているのか、あるいはASDとADHDはともにもっと深い何らかの特異性の発現なのかどうか、いまだ正確にはわかっていないのが、少なからず困惑を招いている。実際のところ、ASD者であればADHDである可能性はかなり高い（お好みならそこにディスレクシア（読み書き困難）、算数障害、発達性協調運動障害も入れてもい）。というわけで、この章では当然のようにASDとADHDのクロスオーバーがたびたび登場する。両者のクロスオーバーは、驚くような、しかし絶対に真実である事実から始まる。

私は少なくとも10年間、心からリラックスした時間を過ごしたことがない。

ASDは、多くの人にとって不安の嵐をもたらす。私がすでに説明したことすべてが、この緊張感の荒波に拍車をかけている。ひっきりなしに襲われる感覚の苦痛、他者やその動機に対する果てしない誤解、ずっと続く遂行機能の問題。このようなストレスは健康的ではなく、ASD者の平均余命が短いという厳しい統計にもかなり影響しているはずだ。したがって、こういうストレスと闘い、うまく対処することができるようになることが、確実に最優先事項となる。それでも私は、どうしてもリラックスできない。

リラックスする方法は知っている。長年にわたり、頭を落ち着かせ、一瞬の安らぎを得るためにさまざまな方法を試してきた。どれもうまくいかなかったし、一時的にうまくいったとしても、いつもうまくいかなくなる。それも最悪のタイミングで。

学校ではいつも厳重に警戒していたことを覚えている。だからこそ、体育や理科の実験でルーティンが崩れることがとても苦痛だったのだと思う。振り返ってみると、学校にいる間はだいたい全身が緊張しているように感じていた。筋肉がこわばって不機嫌で、スポーツに必要な滑らかな動きを不可能にしていた。古くから知られるASDの特性のひとつで、今でも医師が注視するように言われているのが、ロボットのような動きの硬さであることは興味深い。これはストレスの症状というよりも、ASDの癖そのものだとみなされることが多いようだ。自分にこの特性が現れる場合に限っていえば、完全にストレスによって筋肉が押しつぶされた結果である。とはいえ、自分が何を心配しているのかはわからない。少なくとも具体的な心配の種はない。私の子ども時代は楽ではなかったが、それほど悪いものではなかった。愛情深い両親がいて、私のために最善を尽くしてくれたし、ひどいことは何も起きなかった。だから私の終わりなき緊張を家庭環境のせいにすることはできない。私のストレスの原因は今も昔も、漠然としていてはっきりしない、抽象的なものだ。ストレスと闘うのが難しいのはこのせいだと思う。

私はあらゆることを試してきた。飲酒可能年齢になるとすぐに、アルコールで自己治療するという安易な方法をとった。もちろん、短期的には酒がすばらしい作用をして、憂いの無いリラックスした魔法のような30分間を過ごせる。しかしこの楽しくも短い段階が終わると、すべてが10割増しで悪くなり、不安はさらに高まる。10年かかってようやく気づいた。やっぱり酒はよくないと。代案として、瞑想やマインドフルネス〔日々の心配事や不安を鎮め、自分の身に今起きていることに集中できるような精神状態を意識的につくっていくこと〕、鍼治療やヨガにかなりのエネルギーを注ぎ込んだ。しかし、どれもうまくいかなかった。その理由を説明しよう。

マインドフルネスを短時間実現することはできる。しかし、この状態を維持するのは、腕で雪崩を食い止めようとするようなもので、勇敢ではあるが、まったく無意味である。マインドフルネスを「やろう」とするときはいつも、脳の静かな場所に身を置き、細部に集中しようとする。私の場合はなぜか木々を眺めるのが好きだ。特に呼吸に集中している間、木のつぼみや小枝、葉っぱを見ると落ち着く。**問題は私の脳が、住民全員がとんでもないどんちゃん騒ぎをしているにぎやかな団地みたいだということ**だ。しかもその壁は、すべて薄い漆喰でできているときている。頭の隅々まで、脳のほかの部分で発生したノイズと活動の葬送歌が際限なく襲ってくる。この状態でマインドフルネスをするなんて、ハウスミュージックを愛する隣人が人生最大のパーティーを開いている間に眠ろうとするようなものだ。桜の木のつぼみのことを静かに考えようとするほんのつかの間、私はこのノイズを抑えることができる。しかし、それも無駄なことだ。そのうち脳のほかの部分にいるうるさく激しい住民たちがドアを突き破って、4缶パックのビールを手に叫びながらやってくる。

私の脳はどうしても黙ってくれない。脳が常に自分に語りかけてこない人の伝説を聞いたことがある。そういう人は、頭の中でモノローグが延々と続いたりしないのだという。うらやましい限りだ。私の脳は、静寂に包まれた穏やかな空白にはほど遠い。脳は「放送事故」におびえて常に沈黙を埋めようとするかなり不愉快なラジオの司会者みたいに、我が意識に向けて要領を得ないとんちんかんな言葉や観察結果をまくしたてる。「おい見ろよ、青い車があるぜ。あの車は、さっきの青い車とは全然違うな。ほら、あの変なヘッドライトの車だよ。だけどいくつかの点では似ているところがあるな。まず第一に……」

そんなことを知りたいわけじゃない。車の色も、ナンバープレートも、通りの家屋番号の配列も、どうでもいい。帽子をかぶった人と5人連続ですれ違おうが、それがなんだっていうんだ。歩道のアスファルトの補修跡が模様になっていることなんか、クッソどうでもいい。だけどそれを脳内DJに言ったところで、聞き入れてもらえない。私の脳にしてみれば、私はこれらすべてを知る必要があるのである。私が争えば争うほど、脳はさらにしつこくなる。この症状をやわらげてくれるADHDの治療薬があることは知っているが、その診療予約は2年待ちの状態である。診断が下りなければ、薬を手に入れることはできない。だから私は、ばかげた騒音を出す頭を抱えてひとり、せめて音量を1～2段階下げる方法を見つけるのに精一杯だ。起こっていることすべてに執拗に「気づく」のも、刺激を遮断できないのも、だいたいADHDのせいである。とはいえ非常に興味を惹かれるのは、ASDがこの問題といかに関わり合っているのかということだ。

ASDとの関わりは、私が気づかざるを得ないものの性質にある。たとえば車のナンバープレートだ。果てしなくパターンを見つけようとするこの性質は、ASD者の多くに共通する重要な特性である。この特性のおかげで、データ、数字、プログラミングなどに関する仕事で優れた業績を上げるＡＳＤ者がいる。私の脳もこういった作業が得意だ。問題は、脳がコンサルティング会社やデータ分析会社みたいに、私が通り過ぎるすべてのものについて、常に微細なデータを収集していることだ。率直に言って、やめてほしい。

パターン探しは、状況次第では非常に心を落ち着かせてくれる。私は子どもの頃、両親と妹と一緒に自宅のリビングで過ごしながら、不安な心を癒す方法を編み出したのを覚えている。その時代（１９９０年代半ば）の多くの家庭と同じく、我が家にも液晶ディスプレイ付きのビデオデッキがあった。液晶ディスプレイはご存じのように、時間が「８」の形をした横棒と縦棒の組み合わせで数字の形に似せて表示される。そこで私の脳は、ささやかな楽しい気晴らしを発明した。表示された時刻の縦棒と横棒の数から、交互に数えることができるかどうかを確認するという遊びだ。たとえば 08:00 という時刻は、縦棒が16本で、横棒が9本しかない。これは失敗となる。対して 22:31 という時刻は、縦棒が8本で、横棒が9本ある。これは成功だ。バカバカしいと思われるかもしれないが、それだからこそとても心が落ち着いた。家庭に緊張が走るようなことがあれば（お金があまりないせいでよくあった）、これで自分の世界に入りこむことができた。さらによかったのは、1分ごとに問題が更新されることだった。気晴らしのバーゲンセールだ。

時折はこんなふうにＡＳＤとＡＤＨＤの交わりが、パターンを見抜き、脳を常に「オン」にするという点で、私たちに有利に働くことがある。とりわけ特別な興味に関してはそうだ。私の騒々しくおしゃべりな脳が自分の重要な興味に向けられると、脳が決して黙らないという事実がプラスに働くようになる。心の中の独り言は、タイタニックやレスターシャー北西部の炭田地帯など、そのときどきでハマっているテーマについてのとてつもなく魅力的なドキュメンタリーの司会者と化す。こういう時は、独り言をぺちゃくちゃしゃべり続ける小さな脳内ＤＪが愛おしく思える。

もっとも、このささやかな慰めでさえ、終わりなき内なる声が耳障りで疲れるという事実を取り除くことはできない。**だがいちばんいやで最低最悪なのは、私の場合、自分のことで頭がいっぱいになってしまうこと**だ。脳内ナレーションが絶えず周囲の車のメーカーを特定するのと、自身の内にある恐怖、疑念、不安のすべてを厳粛かつ残酷に特定するのとは、まったく別のことだ。私は、これがニューロダイバージェントに特有のものだと言うつもりはない。実際そうではないからだ。とはいえＡＳＤ者の多くに執拗なパターン探しや過剰な執着がみられることを考えると、私たちはこれをより強烈に体験する可能性がある。

自分の例でいえば、リラックスしたり、瞑想したり、マインドフルでいようとするときにこうなる。もし私が脳内で静かな瞬間、混沌や騒音が遠くに感じられる平和な片隅を見つけることができたとしても、脳のほかの部分が私を見つけるのは時間の問題だ（私が思い描くのは、脱獄ものの映画に出てくる監視塔のサーチライトのように、脳が私の気配をスキャンしている姿だ）。過集中、行き過ぎた執着、おしゃべりのすべてが私に向かってくる。「ああ、リラックスしようとしているんだね。オッケー、なら呼吸に注意を向けるのを手伝ってあげるよ。いや、さっきの呼吸は浅すぎだろ。いやほら、今の呼吸は変だよ。頭で考えて呼吸しちゃだめだ。いいだろう。呼吸に気をつけて。おやおや、心臓がどうかしたかい。動悸？　それじゃもうひとつ、心臓の鼓動に気をつけて……」

とまあ、こんな具合だ。

私の知っているASD者の多くが、今述べたような現象に基づいて「心気症」と診断されることは興味深い。大半の人は、自分の体がどのように動作しているのか、深く考えることなく人生を送っているように私には感じられる。普通の人は、ただ自分のペースで体をこき使うだけで満足している。一方で私の場合は、常に考えすぎ、自己内省している。歩き方について考えすぎた結果、思いもよらない奇妙な動きをしてしまうのと同じようなことが健康にも起こる。**結果として私は、脳がサーチライトを当てるさまざまな感覚や鼓動、拍動、痛みを気にす**

ることに多くの時間を費やしてしまう。インテロセプション（空腹や喉の渇き、痛みを知らせてくれる感覚）とはちょっと違う。インテロセプションは皮肉なことに、ＡＳＤ者によってはまったく機能しないことが多い。それが逆の方向を向いているためだ。私は自分の体が送ってくる信号に耳を傾ける代わりに、良い、悪い、あるいはどうでもいい感覚まで、自分の体の中のあらゆる感覚に執着してしまう。インテロセプションは有用であり、身体の健康を維持するのに役立っている。自分の体内システムすべてに行き過ぎた執着心を持つことは、あまり役に立つことはない。

どんな小さな痛みからも、問題に発展する可能性を考える。心臓がドキッとするたびに、心臓発作かなと思う。胃がズキズキと痛めば、食中毒かと思う。それもこれも、外に向かってなされている時点ですでにイライラさせられる心の中のモノローグが内部に向かいながらも、体から受け取ったあふれんばかりの情報の扱いをよくわかっていないせいである。容易に想像がつくように、これでは私の果てしない不安は解消されない。

こういう内向きの過剰な分析が、アレキシサイミア（失感情症）と呼ばれるもの、つまり自分の気分や感情を認識しづらい性格特性と同時に存在しうることは興味深い。自分が何を感じているのか、なぜそう感じているのかを識別するのに苦労するというＡＳＤ者は多い。私自身、定義しづらい漠然とした不快を感じながらも、原因を正確に絞り込めず途方に暮れることが数えきれないほどある。たとえば、知り合いが新しいレゴを手に入れたとか、うらやましいと思うようなことが起きたとする。私はその後しばらくの間、ぼんやりとした不安を感じる。少しばかり真剣に内省して集中し、多くの場合は他人の助けを借りることでようやく、自分が実際に感じているものが嫉妬だと気づくことができる。だから私は自分の体の中で起きていることを綿密に分析し、興奮しながら執拗に欠点や潜在的な問題を探す一方で、同時にこういうことをするから強い不安を覚えたり、ピリピリしたり、おびえてしまったりするのだということをまったく認識できていないのかもしれない。

もしあなたがASD者と一緒に暮らしたり働いたりしていて、なぜあの人たちはあんなにいつもピリピリしてストレスをため込んでいるのだろうと思っているのなら、それが彼らにとって問題なのかどうか考えてみる価値がある。このように常に不安で「スイッチが入っている」になっていることは、放っておくと命取りになりかねない。もし歯止めが利かないようなら、緊張をゆるめられるようにできることは何でもしてあげよう。いちばんいいのは、過去にうまくいった手段を思い出させてあげることだ。全ASD者に当てはまるわけではないだろうが、私は本当にストレスが溜まっているときは、シャワーを浴びたり音楽を聴いたりして頭を空っぽにするのがよく効く。誰かにさりげなく（病理的要求回避症候群（ＰＤＡ）をお忘れなく！）その方向に誘導してもらえると、実に助かる。

私たちは生き延びたいなら、不安やストレスをコントロールする標準的な手段がどれも効かないときでも、自分なりの方法を見つけなくてはいけない。幸いＡＳＤ者には、まさにそのような時に自然に使える選択肢がある。ただそれが、社会的に受け入れられづらいものであることが残念だ。

自己刺激行動で落ち着かせる

これまで何度か自己刺激行動（スティミング）について触れてきたが、それがどういうものなのかはしっかり説明していなかった。自己刺激行動を理解することは、ＡＳＤ者が感じる世界全体を理解することであると言っても過言ではない。ＡＳＤ者が自身の気分や恐怖をどう管理するかを扱う章ほど、これを説明するのに適した場所はないだろう。

自己刺激行動とは、ＡＳＤ界隈において当事者のニーズに合っているという点で意見が一致している非公式な用語である。自己刺激行動（stimming）という言葉自体は、かなり以前から存在している。1970年代に「刺激（stimulation）」「刺激性（stimulatory）」を短縮した造語として生まれたらしい。21世紀に入り、ニューロダイバージェントの行動に不可欠な要素を表す言葉として一般的に使われるようになり、爆発的に広まった。自己刺激行動とはASD者の（ほとんどではないにせよ）多くが気分を調節するために用いる身体的行動や言語行動のことで、圧力を逃がす安全弁のようなものである。これらの行動は通常、反復的な性質を持ち、触覚もかなり関わる。自己刺激行動には、反復的な動きや音、あるいはペンや南京錠といった小さなものを「いじり続ける」ことが含まれる。肌触りの良いぬいぐるみや衣服をなでるなど、触覚の要素が含まれることもあるが、多くの場合、動きそのものが癒しとなる。ASD者の自己刺激行動は、当人たちの性格がそうであるように人それぞれだ。手をパタパタさせる、ゆら揺れる、貧乏揺すりをする、ダンスをする、同じ言葉を繰り返す、拍手をする。あるいはまったく別のことをすることもある。

自己刺激行動について非常に興味深いのは、その普遍的な性質だ。**誰もがある程度は自己刺激行動をしている**。自分がそんなことをするなんて、と笑い飛ばしているあなたも、本を読みながら貧乏ゆすりをしたり、ボールペンのボタンをいじったりしたことがあるのではないだろうか。これはストレスや不安に対する人間的な反応である。ガス料金［２０２２年、ロシアによるウクライナ侵攻の影響で天然ガスの価格が高騰し、英国のガス料金が80％引き上げられたと報じられた］が気になってそわそわした気分が発生したとき、自己刺激行動はその落ち着かないエネルギーを燃焼してくれる。私たちはややこしい電話をしながら部屋の中をうろうろしたり、憂慮するときにこめかみをさすったり、心配しているときに髪をいじったりする。この普遍性ゆえに、定型発達のだれもが、自己刺激行動に関してＡＳＤの当事者に共感できるはずなのだ。

だが一般的に言えば、あまり共感してもらえない。

第一に、ＡＳＤの特性は自分にも時折みられると認識している定型発達者が、それゆえにＡＳＤ者のことを「ささいなことを大げさに騒ぎ立てている」と早とちりしてしまうという、非常によくある問題がある。ＡＳＤであることを公言している人なら、誰もがこの現象に気づいているだろう。自分がぶつかっている難題を、ある種脆弱な立場から伝えると、あっけらかんとこういう言葉を返されて終わるのだ。「まあ、私たちみんなそうじゃない？」「そんなことは誰でもやっていることだと思うよ！」

そこには連帯を示そうという意図があるのかもしれない。**しかしその結果はいつだって、私たちの困難を矮小化するものとなる**。そしてほかの強くて優秀な人たちならうまくやれることに対して、私たちが不平を言っているように感じさせるのだ。これはＡＳＤ者の自尊心に大きなダメージを与える。こういうことが年がら年中起きているのだ。**そのため定型発達の人たちにとっても自己刺激行動が認識可能であるという事実は、奇妙なことに理解ではなく、恥の感覚をもたらすものへとゆがめられてしまう。**ＡＳＤ者にとって自己刺激行動はもっと大事なものだということを、定型発達の人には聞き入れてもらいたいし、何より受け入れてもらいたい。

ＡＳＤ者は定型発達の大多数に比べると、はるかに高いレベルのストレスと不安を日常的に抱え込んでいる。今まで書いてきたことは、この事実を理解してもらうためのものだ。理解してもらえなければ、本書執筆の主な目的が果たせなかったことになるだろう。感覚過敏とモノトロピック（単一志向的）な集中による絶え間ない過剰な刺激、そして苦手な人付き合いと格闘しているおかげで、私たちは常にストレスで疲れ切っている。私たちはいつも「ガス料金についてのやっかいな電話」を抱えているようなものだ。そんなわけで、私たちは皆さんよりもはるかにたくさんの自己刺激行動が必要になる。

私は子どもの頃に、自己刺激行動は「悪い」ことだと学んだ。具体的なことは覚えていないが、その後遺症があるのはわかる。今の私がとる自己刺激行動は、（すごく動揺していなければ）

隠しやすいささやかな動きばかりだ。私はストレスを感じると、足の指をかなり盛大にくねらせる傾向があるが、ボートのような靴を履いているおかげで、仕事中や外出中であっても気づかれにくい。ベリーダンサーのように、腰をくねらせることもある。これもデスクワークをしているときなら上半身を動かさずにやれるので、比較的簡単に隠せる。

考古学者が現代のエビデンスから過去についての結論を導き出すように、私はある時点で自己刺激行動を隠さなければならないと気づいたに違いないと、確信を持って言える。そうでなければ、なぜどれも気づきにくくて「無害」な自己刺激行動ばかりなのか、説明がつかない。自己刺激行動でバカにされたことのあるＡＳＤ者は多いのだから、そう考えるのが妥当だろう。自己刺激行動は、ＡＳＤの特性の中ではいちばん目につきやすい。だからこの暗黒の世界では、当然のごとくＡＳＤ者がいじめられたり、ひどい扱いを受けたりするよくある原因のひとつになってしまう。

ＡＳＤ者の自己刺激行動の多くは、ＡＳＤではない人の行動とは異なって見えるだろう。そのため、何が起こっているのかわからないままＡＳＤ者の自己刺激行動を見た人は、混乱してショックを受けかねない。そうならない世の中ならどんなによかったか。私は人類が心から「自分は自分、人は人」と思える種族であってほしいと願っているが、現実的に考えたほうがいいのだろう。ＡＳＤ者の自己刺激行動は、定型発達の行動との違いに基づいて反応を引き起こす可能性が高い。人間は違いを好まないので、ＡＳＤ者は自己刺激行動が歓迎されないことをあっという間に（しばしば痛みを伴いながら）学ぶ。あまり目立たない自己刺激のやりかたを覚える、もしくは人目につかないところだけで自己刺激行動を取ることは、ＡＳＤのマスキングのもう一つの側面となる。そして私たちは皆、マスキングが最終的にどうなるか知っている。

したがって、ＡＳＤ者がストレスレベルを調整し、世界を体で感じて楽しく過ごすために、必要な自己刺激行動を自由に取れることは非常に重要である。なんといっても、自己刺激行動は恐ろしいことに対する悲観的な反応というだけではない。感情を表現し、人生を味わう喜びに満ちたすばらしい手段となることもあるのだ。ネット、特にツイッター（現Ｘ）やTikTokでは、多くのＡＳＤ当事者が自分の自己刺激行動を世界に発信している。これはＡＳＤの人びとがもっと自信を持てるよう、世間の関心と理解を高めるための取り組みだ。こうして公開される自己刺激行動には、人生のエキサイティングな瞬間に湧き上がるダンスや手のパタパタ、感謝や満足感を表す体のパーツのリズミカルな動きなど、純粋にポジティブな刺激も多い。何よりこういう自己刺激行動を見ていると、とうてい自分には太刀打ちできない解放感と自由を感じる。長年の条件付けによっておとなしくちぢこまってしまった自分の自己刺激行動とはかけ離れていると思ってしまう。

自己刺激行動はＡＳＤ者の生活に不可欠なものだが、定型発達の期待に押しつぶされ、できなくなってしまうことがあまりにも多い。ＡＳＤ者の知人がいるなら、許容できる範囲でかまわないので、彼らが自分自身を表現し、自己刺激行動をとるのを許してあげてほしい。

街で見知らぬ人が自己刺激をしているのを見かけたら、いぶかしみたい気持ちはわかるが、自己刺激行動というものがあることを思い出して、いつも通りの習慣を続けさせてあげよう。その動きや音を、怖いもの、奇妙なものとして切り捨てるのではなく、自分の力で人生を切り開く方法を学んでいるとか、喜びや悲しみを表現する方法を見つけたんだと思ってもらえるとありがたい。それは、ＡＳＤ文化特有のボディランゲージなのである。

事前に計画を立てる

私が教師になったのは、ほんのなりゆきである。私は大真面目だ。物心ついたときから、私には長期的な計画を立てる能力がまるでなかった。5年後の目標を設定し、それに向かって着実に努力するという概念は、私にとって、火山に魔法の指輪を投げ入れる冒険に出発するのと同じくらい空想的なものだ。仮に面接で「5年後の自分はどうなっていると思いますか」と聞かれたら、「生きてたらいいんですけどね」としか答えようがない。

なぜそうなのかはわからない。同じように感じるかどうかASD者たちに何度も尋ねてみたが、そう感じる人もいるものの、そうでない人のほうが多い。ASD者の中には、長期的な計画を立て、それに向かって慎重に努力することを楽しんでいる人がかなりいるようだ。このことはASDについて私たちが知っていることとおおむね一致する。明らかに長期的な計画が特別な興味へと変化した結果といったところだろう。一方で私と同様に、ADHDの人の多くが、長期的な計画について問題を抱えていると報告している。このことはADHDがいくぶん集中力が飛びやすく新しい刺激に気を取られるという事実を考えると、大いに納得がいく。私の直感では、ここでもまたASDとADHD双方の要素が少々働いているような気がする。少なくとも私の場合は。

いずれにせよ、計画に関する議論は本書で取り上げるに値するものであることは間違いない。

私の場合、将来は明らかに目先のことしか見えない。私がせいぜい確実に対処できるのは、

1カ月先までである。1週間なら気分よくはっきり見渡せる。管理しやすい時間の尺度なので、自分の活動を予測し、計画することができる。2週間、3週間となると、霧が立ち込めるようにぼんやりしてくる。4週間を超えると、正確な予測は不可能に思えるので、諦めるしかない。詳細を一切検討できず、大きな「もしかするとできるかも」という可能性を残しておくのだ。

例として、本書を使おう。出版の世界になじみのない人（つい最近まで私もそうだったのだが）のために説明すると、一冊の本が最初のアイデアから店頭に並ぶまで通例、およそ2年ほどかかることが多い。実際の執筆作業自体は、その2年の中でも比較的短い期間である。この本は、私自身が満足いくまで書き上げられるよう、6カ月の執筆時間があてられた（もちろん、外部の編集者にはもっと時間が与えられる）。数学者ならわかるだろうが、6カ月は1カ月よりかなり長い。このことは私にとって大きな問題となった。**というのも、執筆中の大半の期間はこの本の最終的な締め切り日が暗い霧の中のように遠く感じられ、それを本当の意味で把握することができなかったからだ。**

締め切りが近づくにつれ、締め切りはだんだん意味をなすようになった。それにともない仕事への集中力が研ぎ澄まされ、1日の執筆文字数が増えていった。それはつまり、一度もパニックにならなかったということだ。結局のところ、私は時間に余裕を持って書き上げたし、本当の危機に陥ることもなかった。ただ、執筆期間のうち約8割の期間において、執筆の終着点をイメージできていなかった。最後の2割の期間でようやく締め切りが効果を発揮し、集中できた。ASD者やADHD者の多くが、どんな仕事も締め切りの直前になってとりかかり、大半を一気に終わらせるとよく言われるが、これが理由なのだろうか。先延ばしグセのせいだと言われることも多い。『マインクラフト』で何時間も遊んでしまったことを考えると、確かにそれも一因なのだろう。しかし、はるか先の目標や時間の尺をはっきり理解できないことも関係していると思う。先延ばしグセの説明だと、締め切り前の数週間は大混乱と恐怖の期間になりそうなものだが、実際はその逆だった。

一度本の中身を書き上げてしまえば、あとは非常に長期にわたる微調整と開発の段階に入る。もちろん編集は完了しなければならないし、表紙もデザインしなければならない。表紙や裏表紙を飾る熱のこもった推薦文を書いてくれる人も探さねばなるまい。必要であれば索引もつけなければならないし、マーケティングも企画しなければならない。この時期（この原稿執筆時点で、出版まであと11カ月ほど）に入ると、この本が店頭に並ぶ日は、私にとって実質的に神話上のものになる。火星の地表を散歩する自分の姿くらい、自分の本が発売されるのが想像つかない。この本を完成したばかりのまっさらな状態で手にすることなど、私の日々の生活からは笑えるほど遠すぎて、未知の領域だ。日々の仕事をこなすのに精一杯の私には、そんなことを考える余裕が一瞬たりともない。ティーンエイジャーがいつか親になることを想像するように、私はこの本を、いつか経験するかもしれない漠然とした抽象的な未来として扱うことしかできない。

そう、私に関していえば、未来は決して到達することのない神秘と驚異の領域だ。

先の計画を立てることについてこういう独特のスタンスでいると、興味深い余波があらわれる。それは、イベントや各種手続きを企画・実行するのが難しくなるということだ。残念ながら親になると、学校の入学手続きやワクチン接種スケジュールの調整、誕生日パーティーや素敵なクリスマスの計画まで、きわめて多くのことをこなさなくてはいけなくなる。私が言えるのはただひとつ、私たちの場合はこういう雑事をなんとかする親が二人そろっていてよかったということだ。だいたいは遂行機能障害が関係する。覚えていると思うが、遂行機能障害とは、効率的に優先順位をつけられない、意思決定に苦労するといった事務上の困難全般に関わる障害だ。ここには、先の計画を立てるのを難しく感じることも含まれる。私がこのテーマについて読んだあらゆる本では、計画に関する困難は、遂行機能障害の単なる一部分にすぎないとされてきた。私の計画の立てられなさはそれよりもっと複雑で、1カ月先の未来を思い描くことができないことと密接に関連していると思う。なにしろまったく思い描くことのできない未来の計画を、どうして立てることができるだろう。このことに同意してくれるASD者やADHD者は何人いるだろうか。

もし人生でニューロダイバージェントと関わりがあるのなら、この特別な困難について認識しておくのは本当に重要だと思う。**問題は、このように「未来が見えない」私たちは、一般的に準備不足であまり役に立たない人だという自然な思い込みがあることだ。**この思い込みは「(a) 私たちにはどうすることもできない」「(b) 私たちはこれらの『欠点』を補うため非常に努力しているが、それでも不足している可能性がある」という事実を考慮していない。結果的にいちばんありがたいのは、思いやりを示し、可能な限り困難な状況を助けてくれることだ。私の場合、自分の本が世に出ることを想像できない問題は、ほかの書き手と話すことで救われたと気づいた。彼らが出版にまつわる現実的なことを詳しく説明してくれたのが、出版後のことを想像する助けになったのだ。もしあなたがその人の計画の一部を代行して、現実的な手助けができるのであれば、なおのこといい。口を酸っぱくして言うように、ASDは障害である。障害のためにこういう作業ができる人たちに助けを求めることを、心苦しく思わなくていいと思う。

だから、私はリラックスするのが難しいし、将来を意味のある形で思い描くこともできない。お察しのとおり、私はどこか遠い異国への旅行を予約するのに最適な人間ではおそらくないだろう。

飛行機、電車、自動車

ＡＳＤ者にとって、あらゆる交通手段はそれぞれに固有の問題がある。長距離バスの騒音、空港の恐るべき喧噪、自動車の運転のわかりにくい複雑さなど、それぞれが連なって重大な障壁をつくり出している。この節で取り上げる問題は、どれもかなり深刻なものだ。なにしろ移動して目的地に行く能力は非常に重要なのだから。そしてＡＳＤ者は全体的に、この種の自由を維持することに実に苦労している。

信じられないかもしれないが、グーグルの予測検索機能によれば、ＡＳＤ者は運転を学び、非常に優れたドライバーになることができる。これは多くの人にとって驚きだろう。私はほかの人より遅く、20代半ばで運転を覚えた。これは前述したように、前もって計画を立てることができなかったせいでもある。自動車教習所や運転免許試験の手配をするのに必要な個人レベルのタスク管理能力は、いつも私の手の届かないところにあった。また、子どもの頃に車が生活必需品であるという生活を経験したことがなかったからでもある。友人や親戚のみんなと違って、子ども時代の大半を車のない家で過ごした。裕福ではないという経済的な理由もあったが、父が運転という行為に興味を示さなかったためでもある。その結果、自動車を所有しドライブするという概念は、本を出版して店頭に並べるという概念と同じくらい遠く、抽象的なものだった。私がその概念に慣れはじめたのは、元恋人が運転免許を取得したときだった。彼女にかなり助けてもらいながら、私はストレスの多い教習所の世界をなんとか切り抜け、国中を自由に走り回れる貴重な免許を取得した。

そして私は、車の運転を楽しんでいる。運転は私の脳をちょうどよく使い切ってくれるので、道路を走っているときはいつもと違う静けさに包まれる。いちばん落ち着いて考え事ができるのは、高速道路を走っているときだ。私がリラックスして心を平静に保っていられることはなかなかないので、これは思いがけない贈り物だ。落ち着いた思索を促す方法としては非常に高く付くしろものなので、財布のためにも地球のためにも好き放題活用するわけにはいかないのが残念である。

しかし、そうはいっても、運転はそれなりに難しい。その理由の大半は、道路を行き交う車の予測不可能な動きのせいだ。**生活の他の領域におけるコミュニケーションの差異は、運転の世界でも無縁ではない**。つまり、ほかのドライバーのコミュニケーション方法で、大きなストレスと心配を味わうことがあるのだ。たとえば、(少なくとも英国では)古くから行われているヘッドライトを素早く点滅させる合図である。今の私は、これはおもに狭い道で譲ってもらったときなどに感謝の気持ちを伝える合図だと経験で知っている。しかし、苛立ちや怒りの合図として使われることもあることも知っている。皮肉なことに私がこの合図をされるのは、スティーブン・キング『クリスティーン』さながらにうっかりヘッドライトをハイビームにしたまま対向車に向けてしまったときがいちばん多い［作中のクリスティーンは意思を持った自動車で、ヘッドライトを目のようにギラつかせながらいじめっ子を追いかけ回す］。結果、この合図の扱いにかなりの混乱が生じてしまい、結局自分では使えないでいる。ヘッドライトを必死に点滅させた挙句、誤って解釈されるのが怖いのだ。

同様に、私は車のクラクションときわめてぎくしゃくした関係にある。ほかの人たちはありとあらゆる理由で、のべつ幕なしにクラクションを鳴らしているように見える。必要とあらばいつでもしっかり「プップー」と鳴らせる態勢を完璧に整えているなんて、なんだか不思議だ。私はこのことにすっかり戸惑っている。というのも、私も何度かほかのドライバーにかなり危険な目に遭わされたことがあるが、そんなときにハンドルのちょうどいいところを見つけて拳で叩いて不満を表明しようだなんて、思いもしないからだ。そんなことより、ハンドルとクラッチとブレーキを駆使して身の安全を守ることに気を取られてしまう。汗だく、悲しみ、停止。そんなごちゃまぜ状態に、怒りの「プーッ」を加えて状況をより複雑にしてしまう意味が、私にはわからない。私は車のクラクションを、自分が声を限りに叫ぶのと同じようなものだと思っている。例外的な状況を除けば、本来なら使う必要のない強力な手段なのだ。こう思うのはおそらく、車のクラクションがけたたましく鳴るのを聞いたときの私のASD的な反応にも関係があるのだろう。突然大きな音が鳴るのは好きじゃない。

自家用車運転におけるコミュニケーション装備が苦手だからといって、公共交通機関を利用すれば、それはそれでまったく違う面倒くささがある。私は過去にそれなりにバスサービスが充実した都市に住んだことがある。それどころかノッティンガムもブリストルもだいたいの行きたいところには連れて行ってくれるすばらしい長距離バスサービスを誇っていた。そのため私は何度もバスを利用したことがある。しかし、バスに乗る経験を楽しんでいるとは言えない。私みたいなＡＳＤ者にとって、バスに乗るのは本当に大変なことなのだ。

とはいえ、バス移動はＡＳＤ者にとって非常に重要である。私たちの平均収入は定型発達者に比べて低く、多くの人がかなり絶望的な経済状況にある（その理由を知りたい方は、本書の第1章から第6章を再読されることをお勧めする……）。**その結果、バスに乗ることが、少し離れた場所に行くための唯一の手段になってしまう**のだ。加えて、ＡＳＤは歩行困難な身体障害と「ペア」になることがままある。エーラス・ダンロス症候群は、特によくみられるＡＳＤの「パートナー」である。ＡＳＤ者がバスに頼ることが多い理由がわかるだろう。これはいいこととは言えない。というのも、一般的なＡＳＤ者にとって、バス移動はとてつもなく疲れる不愉快な体験になりがちだからだ。

まずバスには、**予測不可能**という問題がある。これは市議会とバス会社が私たちに仕掛けた愉快なジョークだ。時刻表はどのバス停にも設定されていて、たとえば次のブリストル・テンプル・ミーズ行きのバスは午前9時47分発であることを確約している。これほど精密に書いてあれば、誤りなく正確であると思わずにはいられない。いつも時刻表を馬鹿正直に受け取っていた私は、ツヤツヤした顔で無邪気にも時間よりも早くバス停に到着し、気取らずストレスのない旅を楽しみに待っていた。そこでバスの時刻表が、単なる虚構であるという現実を思い知らされるのだ。ルーティンをできるだけ維持するために予定通り物事が動くことを必要とする人間にとって、午前9時47分発とあるバスは午前9時30分〜午前10時30分のいずれかの時刻に着くという事実は、あまりありがたくない。最近の洗練されたバス停に置いてある、最新情報に合わせて更新されるドットマトリクス型電光掲示板にはかなり助けられている。しかしそれも、どのみちバスは期待通りの時刻には到着しないという疑いが裏づけられるというだけのことである。

もちろん、私の論理的な頭脳はその理由を理解している。厳重に監視され、利用する車両がはるかに少ない鉄道路線とは異なり、バスの時刻は車の往来に左右される。道路にはたくさんの自動車が走り、互いにクラクションを鳴らし合っていて、時間通りに運行するのは相当困難だ。しかしそれがわかったからといって、ASD者にとってバスのシステムが使いづらいという事実はどうにもならない。

それから、バスの便はほぼいつも人であふれている事実もある。子どもの頃の私は、祖父母に会いに行くために、キツネの絵が描かれたガラガラの小さな「フォックス・カブ」バスによく乗っていた（1990年代のレスターシャーのバス会社は馬に乗ってキツネを追いかけて殺すというこの地域の嗜好をこぞって称えていたのである）。バスの中はいつも人っ子ひとりおらず、英国の田園地帯をのんびり陽気に走り抜けていった。私はこのお出かけが大好きだった。大人になってから、それがいかに異例なことであったかに気づいた。少なくとも都市部では、バスは定員ぎりぎりまで人が詰め込まれているのが常である。ＡＳＤ者にとってこれは、感覚面で非常に対処が難しい状況となる。騒音、匂い、人いきれで息が詰まり、きわめて乗り心地が悪い。見知らぬ人が肩や足にぴったり体を押し付けてくる感覚に圧倒される。ブリストルでバスを降りるのは、メタルバンドのライブで観客たちがモッシュしている最前列から脱出するのと同じくらい大変だ。息を切らし、果てしないもみ合いで傷ついた回数は数え切れない。最近では、バスに乗らなければならない場合（出不精なのでありがたいことにめったにない）は、確実にメルトダウン寸前まで追い込まれるという事実を考慮に入れ、それに応じて一日の計画を立てなければならない。

バスに比べると電車はいい。電車の旅には、はるかに厳しく統制され、整然とした何かがある。確かに英国の電車の信頼性の低さを笑うこともできるが、それでもバス網よりは断然ましである。電車は規則正しく、国中をわかりやすいルートで走り、駅での停車時間はバスよりずっと長い（身体に障害のある人にとって、バスがあまり待ってくれないのは厳しいものがある）。置き忘れた荷物を取りに行くために電車に戻り、電車が動き出す前に降りられたことは何度もある。重度の遂行機能障害を持つ者にとって、これはありがたいことだ。

電車はバスよりは少しゆったりしている傾向がある。たいていエアコンが効いていて、バスで深刻な問題を引き起こす最悪な熱気と臭いを除去してくれる。緊急時に呼び出せる頼もしい駅員もいるし、駅は設備が充実していることも多い。それでも、電車の旅が負担だというASD者もいる。時刻表を読みこなすのはとんでもなく難しい。駅で見かける巨大な数字の壁は、とっつきづらいとしか言いようがない（時刻表マニアでない限り）。駅ビル、特に大きな駅（君のことだよ、バーミンガム駅くん）のビルは、迷路のように入り組んでいて不親切なことがある。ホームはどこにあるのかわかりづらく、トイレは２０２０年代になっても小銭を持っていないと利用できない。駅構内も騒がしく汚いことが多く、10秒おきに下降音のチャイムで平穏が破られ、理解できないアナウンスが始まることを知らせてくれる。音をフィルタリングするのに苦労するＡＳＤ者にとって、ディーゼルエンジンの回転音、子どもたちの叫び声、警笛の音を背景にアナウンスの内容を解読しようとするのは不可能だ。

しかし何であれ、空港の悪夢に匹敵するものはない。断じてない。

空の旅のすべてが、ＡＳＤ者を打ち砕くために設計されたように思える。もちろん、わざとそうつくられていると思っているわけではないが、そう見えるのだ。実に学校と似ている。職場も、そして世界全体がそうだ。空の旅における大きな問題は、最初から最後までずっと感覚の爆撃を受けることだ。空港は巨大で、ひどく混雑しているか、不気味なほど空いているかのどちらかであり、その中間はないように見える。そのため私たちは、次のいずれかの状態になる。巨大なキャスター付きスーツケースを引いている何千人もの人びとにもみくちゃにされてイライラし、ひどい騒音と絶え間ないアナウンスに脅かされる。もしくは、音がむなしく反響する誰もいないホールにたった一人で座り、フライトの日時を読み違えたのではないかとおびえ、もしかしたらこのターミナルは今朝爆破解体される予定なのではないかと不安になる。どちらも楽しくない。

乗客を航空便に乗せるためのシステムは本当に難解だ。何時間も費やして（フライト予定時刻の14時間前に到着するようにというアドバイスを真に受けた結果）、出発時刻表示板を見つめながら、自分の搭乗ゲートが呼ばれるのをひたすら待つ。そうしてターミナル内の搭乗ゲートの番号付けの基準が論理的なものではなく、純粋にカオスであることに気づく。やがて正しい通路を見つけ、果てしなく続く通路を歩いていく。なんとなく間違ってしまったのではないかという恐怖に耐えられなくなる。なんといっても乗り損ねたときのリスクが大きいし、システムは恐ろしくわかりにくい。飛行機が飛び立ってしまい、動く床と香水ショップの迷路に迷い込んだまま取り残されるのではないかというリアルな恐怖があるのだ。

やがて搭乗ゲートそのものが見えるようになり、不安は少し和らぐ。それも混雑に気づくまでの話である。人びとが到着し、多くの座席が埋まっていくのを見るのは、リビングルームの浸水が上昇していくのを眺めるようなものだ。私たちにできるのは、静かな諦めと、事態が好転する前にもっと悪くなるのではないかと感じることだけだ。もしかしたら隣に誰もいない席を独り占めできるかもしれないという淡い期待も消え失せる。公的な説明がまったくないことが、不安を新たにさせる。飛行機に乗せてくれる航空会社の人はどこにいるのだろう。搭乗ゲートは正しいのだろうか。何が起きているんだろう。そして、無事に座席にたどりついて落ち着く頃には（ノイズキャンセリングヘッドホンを頭上の荷物入れに忘れてきたことに気づくのは後の話である）、私はすでに神経がすり減っている。私はもう6年も飛行機に乗っていない。正直なところ、そのことに完全に満足している。

昔から続く私の特別な興味のひとつに、航空災害がある。なぜかわからないが、恐怖を感じるのと同じくらい魅了されてしまう。今まで読み込んできた事故の数は、数白はくだらないだろう。子どもの頃、寝室の窓からM1高速道路で起きたケグワース航空災害を見たせいかもしれない（長い間影響を及ぼす傾向のあるタイプの事件だ）。何であれ、私は飛行機を空から墜落させうる無数の原因をひとつ残らず知っている。想像つくと思うが、私が乗っている便が実際に空中にある間は、まあまあな緊張と憂鬱の連続である。ビーッという警告音、キーキーという音、激しい振動一つひとつが私の過敏な耳と目によって感知され、恐ろしい大事故の膨大なデータバンクと照らし合わせて分析されるのだ。飛行機に乗るＡＳＤ者全員が特にこういう困難を抱えているわけではないが、特別な興味がいかに災いして泣きを見ることになるかを示すいい例だ。

ＡＳＤ者がすべての交通手段を利用できるよう、改善のためにできることはいくつかある。

- 航空機の客室に優先搭乗できる障害者にＡＳＤ者を加える。人の波が押し寄せる前に機内に乗り込み、落ち着く機会を与えられることは、私たちのストレスレベルを軽減する大きな助けになると思う。こうした対応はすでに標準的なことだと思いたいが、優先対象となる障害にＡＳＤが含まれないことが多い状況を考えると、懐疑的にならざるを得ない。
- 空港の案内表示をもっと明確にする。理由は明白だが、空港を多言語化するために多くの取り組みがなされているのだから、利用経験がなくてもわかるよう、空港を移動するプロセスをより透明化するために少しの労力を割くぐらいできるはずだ。移動プロセスがわかりやすくなれば、物事を論理的かつ明確に理解することを好むASD者だけでなく、ホールの中を混乱しながらさまよう他の多くの人にとっても朗報となるだろう。

● 電車やバスの場合は、教育の問題が再び出てくる。運転手、車掌、切符販売員が概念としてのニューロダイバーシティに通じ、ASDであることが乗客体験にどのような影響を与えるかを理解できるような教育がなされることを望む。なにもかもうまくいかないときでも、ちょっとした思いやりを示してもらえるだけで助かることもある。

● 最後に、もしあなたがASD者の移動の必要性を減らせる立場にあるのなら、ぜひそうしてほしい。中間地点で待ち合わせるのではなく、相手の家（あるいは少なくとも相手の近く）で待ち合わせる、運転を代わってあげる、駅で待ち合わせて一緒に移動するなど、移動に伴うストレスを軽減する方法はいくらでもあるだろう。

それにしても、旅行の何がいいんだろう。到着したら、また同じことを繰り返して帰ってこなくてはいけない。ただ逆になるだけだ。しかもそこは、言葉が通じない場所かもしれないのだ。

第8章

正しさを求めて

The Need for Justice

善と悪

ＡＳＤ者はみな完璧に論理的であるという、長く語り継がれている神話がある。曰く、私たちの脳はコンピューターのように規則や事実を厳格に適用し、私たちは表計算ソフトとそう変わらないやりかたで世界を見る。ＡＳＤに関して社会が抱いている多くのゆるぎない偏見と同様、これは誤りである。本当のところはもっと複雑だ。しかし、ここには一片の真実がある。一貫性に対する強い期待を抱き、世界はそのルールに従っていてほしいと感じているＡＳＤ者は少なくない。

ＡＳＤ者はしばしば、何が正しいか、何が合理的か、何が公平かについて、非常に深く強い思いがあるように見える。だからといって、私たちが確かな道徳の審判者というわけではない。何をもって公平とするかという感覚は、特権、経験、生い立ちなど、さまざまな要因に左右される。そのため、他人の意見や価値観とぴったり一致することはない。それでもなお、感情や信念の強さは、多くのＡＳＤ者の特徴であるようだ。

教師をしていた頃、学校でこのことをよく目にした。ＡＳＤの生徒は、決して不公平をそのままにしておくことができなかった。たとえば、ほかの生徒が教師に叱られていたとしよう。おそらく紙飛行機を投げたとか、壁のコンセントに粘土を詰め込んだとかいう理由だろう。そしてＡＳＤの生徒は、その子が犯人ではないことを知っていた。この場合、ＡＳＤの生徒は正義がなされるのをちゃんと見届けたいと要求する可能性が高い。はっきりものを言わず、どんな形であれ波風を立てようとしない生徒が、不当な罰を与える教師への正義の怒りで白熱するのを私は見てきた。こうした正当性への期待は、ＡＳＤ者の共通体験であるらしい。

その中心にあるのは、世界は一貫して筋が通っていて、原因と結果はあくまで一対でなければならず、真実と理性は常に嘘と空想に打ち勝つという期待である。

私たちの多くは、世界がそのように単純に動いているわけではないという認識をうまく処理できないのだと思う。

理不尽な世界

今あるような世界は、ＡＳＤ者向きに作られてはいない。それが常に不幸の原因となっていることは、もうおわかりだろう。感覚的なプレッシャー、計画を立てることの難しさ、果てしなく続く他者とのコミュニケーション問題——これらすべてが、世界が自分に適していないと感じられる原因となっている。しかも悲しいかな、これは始まりにすぎない。世界の不合理さ、奇妙な行動、態度、憎悪、偏見こそが、私たちを未知の世界への歓迎されざる訪問者だと感じさせるのだ。

私の経験から言えば、ＡＳＤ者はパターンを見つけるのが得意で、どんな状況でもそのルールを理解することに長けている。それだからこそ、マスキングをうまくやれるのである。ルールを把握し、ゲームをする。**問題は、ルールを理解したところで、不正をしようとする人たちにどう対処すればいいのかがわからないこと**だ。「地球」というゲームのルールは理解しやすいし、守るのがとても簡単であることは間違いない。嘘をつかない、他人を傷つけない、人を不当に扱わない、親切で公正で正直であれ。これらを理解するのに、私は宗教を必要としたことはない。水の循環や木立のざわめきと同じくらい自明なことだ。しかし、これらのルールに従う必要性をまったく感じていないように見える人があまりに多い。

たとえば、今どきそんなルールは時代遅れだとばかりに嘘をつく人がいる。小さな嘘ならいいというものでもない。自分の業績を誇張しようとして友人が嘘をつくこともあるだろうし、リビングのカーペットの隅々までスパンコールが落ちている正確な理由を白状したくない娘が嘘をつくこともあるだろう。このような嘘は勝手に自滅していくし、そんなささいでちっぽけな虚偽に何の意味があるのかといぶかしく思うこともある。**しかし私の理解力が本当に試されるのは、大きな権力を持つ人や組織がつくもっと大きな嘘だ。**それらは現実離れしていて反証も容易であることが多く、嘘をつく側に何のメリットがあるのか理解に苦しむ。少なくとも長期的に見ればそうだろう。私が判断する限りでは、真実が守られてこそ、世界は正常に機能する。社会、世界、そして人類の文明が繁栄し、発展し続けることを望むなら、真実はいかなる代償を払ってでも維持されなければならない。これはこの上なく基本的なことだが、それでもやはり、誰もが嘘をつく。

政治家は自らの行動、目的、野心、政策について嘘をつく。企業は自社の利益や生態系への影響、従業員の待遇について嘘をつく。国家は外交政策や戦争、国民の幸福度について嘘をつく。21世紀はどこを見ても嘘の上に嘘が重ねられ、いったい何が真実なのか、もはや突き止めることはほぼ不可能だ。

思うに、そこがポイントなのだろう。

これは誰もがまごついてしまうような状況だが、ASD者はそのなかでもよりつらい思いをしていると私は思う。デタラメに丸め込まれにくいせいかもしれないし、嘘は当然危険なものだと認識しているせいかもしれない。いずれにせよ、ASD者はこの秩序と理性の破壊の影響を強く感じている。私たちは、ルーティンやパターン、予測可能性に執着することで、ストレスの高まりをどうにかやり過ごしている。**そのため、世界全体が「暴走」し、基本的な論理に反しているように見えるとき——気候変動に対して恐ろしいくらい無策であること、世界中の人類が新型コロナウイルスに対して一貫した取り組みができないことなどがその例だが、これらに限らない——私たちはすっかり混乱し、起こっていることを受け入れられなくなってしまう**のだ。

国民の多くは、常にこのナンセンスを肩をすくめて受け入れているように私には見える。「あー、政治家っていつも嘘をつくよね」と人びとは言うが、その嘘が何十年もの間にどんどんふくらみ、桁違いの影響力になっているという事実は無視している。わざと目をそらしている気候変動の悲惨な結果を聞かされれば、「まあ大丈夫でしょ、私は暖かい気候が好きだから」と人びとは言う。しかし、私はそんなふうにはなれないし、ＡＳＤである私の親族の大半もそうだ。私たちはこの悪い兆候を無視することはできない。肩をすくめてやり過ごすなんてできない。その代わり、議論し、戦い、抗議し、騒ぎ立てる。もちろん、私たちが特別なわけではなく、ＡＳＤでない人たちの間にも果敢に戦っている人はたくさんいる。しかしＡＳＤ者は、このような問題に特に焦点を絞り、ひたむきに取り組むことができるように思う。考えてみればこれは、今のような時代にはきわめて意義のあるふるまいだ。

　現在、地球上で最も有名な人物の一人も、ＡＳＤである。グレタ・トゥーンベリは、迫り来る気候災害について単純な科学的事実を伝えるという基本的な姿勢を崩さなかった。登校を拒否してこの問題への意識を高めるという彼女の最初の抗議は、単純であると同時に効果的であった。化石燃料産業に従属する人びとのナンセンスな反論に取り込まれることなく、トゥーンベリは一貫して同じメッセージを伝えてきた。「世界を存続させたければ、科学者の声を聞いてほしい」。メッセージのシンプルさは、ＡＳＤ者の明晰さを示す基準になると私は思う。薬に砂糖をまぶしてごまかすこともなければ、悪意ある反発に中途半端に迎合することもない。社会を存続させ、人類を繁栄させるためには、科学に耳を傾け、地球の扱いを改善しなければならない。

無関係な情報に気を取られないこうした思考の明晰さは、ASD者の特性のようなものだと思う。私は極力「ASDはスーパーパワー」といった決まり文句を使うのを控えている。ASD者にとって人生がどれほど困難であるかを考えると、弊害がきわめて大きいからだ。だが、トゥーンベリの場合は真実に近い［グレタ・トゥーンベリは2019年、障害がなければ学校ストライキを始めようと思わなかったことから、自閉症は「スーパーパワー」になりうると自身のFacebook上に記している］。ASDはそのためにあるのだ、と主張する人さえいる。そういうとらえかたは魅力的ではあるが、見当違いだ。**ASDが何かの「ため」にあるとは思わない。ASDはただそこにあるだけである**。そして私たちはASDが世界にもたらすものを最大限に生かすか、生かさないかを選ぶことができる。とはいえ、ASD者が独自の道を切り拓けるのではないかと考えるのが、非常に興味深いことは確かだ。世界がきわめて偏向し、混乱して不安定になっているなかで、どうでもいいことをスルーして問題の核心に迫る能力が、強力な変革の担い手になるかもしれない。私は障害者を使った「感動ポルノ」は嫌いだが、ASD者が世界を救うかもしれないと思うことがある。

だが、ＡＳＤだからといって、自動的にこのような「力」が与えられるわけではない。思考の明晰さはＡＳＤ者の特性のようだ、と言うとき、私は「ようだ」の部分に重点を置いている。ＡＳＤ者は非難の余地がなく、いつでも完璧に道徳的で善良なふるまいをする、という印象を与えたくはない。事実そうではないのだから。

たとえばＡＳＤ者は同調圧力に弱く、非常に悪い結果を招く可能性がある。例を挙げれば、ＡＳＤの少年・若年男性は、極右イデオロギーの影響を特に受けやすいと私は思う。そのようなイデオロギーは拍子抜けするくらい単純で、明確な論理（「われわれ対あいつら」、罪の転嫁など）に基づいているからだ。こうしたイデオロギーが実際にはいかに空虚で悪質であるかを理解するのに足る知識がなければ、ひどく心を引きつけられてしまうだろう。他者によって周到に操作されたＡＳＤ者の若者は、危険な言説、特にネット上の言説にどっぷりと浸かり、気づかぬうちに不穏当な意見や考えを支持してしまう可能性がある。実生活で長年仲間はずれにされ、ひどい扱いを受けてきたのだから、そのような政治信条が与えてくれる魅惑的な嘘に引っかかってしまうのも無理からぬことである。

そしてこのことが、学校で敵意を向けられたＡＳＤの子どもを支援し、その教育により注意を払うようにする十分な理由にならないとしたら、何が十分な理由になるのか私にはわからな

い。

ＡＳＤ者は根本的な問題をとてもよく理解しており、興味をそらせようとする妨害に遭っても平然としているように見えることが多い。モノトロピズム（単一志向性）の当然のなりゆきで、私たちは本当に重要なことに目を向け続けることに平均より長けている。健康でありさえすれば、その力を利用して変化を起こすことができるのかもしれない。だが、私たちの行く手を阻むものはあまりに多い。

偏見との戦い

障害者が偏見や調整の欠如のせいで苦しんでいるとき、それは「障害差別」と呼ばれる。ほかの「○○差別」と同様、これは少数派への無知と、意図的になされる不当な扱いが組み合わさった結果であり、多数派を構成するのが誰であれ関係ない。人種差別、同性愛嫌悪、性差別は、ありがたいことに程度の差こそあれ、（その結果はまだ十分とは言えないが）大規模な意識改革や反撃がなされてきた。だが興味深いことに障害差別に対しては、このような事態はまだ起きていない。障害差別の蔓延はとどまるところを知らず、最近の意識向上や価値観転換の流れにもかかわらず、いまだ風土病が流行しているような段階にあるように見える。このことは障害者の生活に大きな、そして自覚しづらい影響を与える。

ASD者は障害者である。社会がASD者にとって利用しづらく不向きにできているから、もしくは社会の構造がどうであれ、ASDが本質的に人の能力を失わせるから（これは、多くのASD者が異論を唱えている説である）のいずれかの理由で。それゆえ、彼らは障害差別の被害者になりうる。事実、本書でこれまで紹介してきた困難や理不尽な扱いの多くは、障害差別の例に数えられるだろう。NHSがASDという神経型に対応しないこと、職場が暗黙の了解に従わせようとすることもそうだ。**これらはすべて、ASD者に対する認識、受容、調整の欠如であり、私たちに大きな害を及ぼす。**しかし概念としての障害と、脅威としての障害差別との関係は複雑である。

私にとっての問題は、ASDと診断されたのがあまりにも遅かったことだ。ASDであること、ADHDであること、重度のうつ病であること以外に、私には何の障害もなく、この三つが明らかになったのは30代半ばから後半にかけてであった。そのため、人生の大半を本当は障害者だとまったく気づかずに過ごし、本音を言えば障害者のことをほぼ気にかけることなく生きてきた。インポスター症候群［インポスター（imposter）は詐欺師という意味で、高い評価などが自分に見合っていないと思い込み、他人をだましているように感じる心理傾向］は診断が遅かったＡＳＤ者によくみられるもので、私にも強く作用している。今の自分は障害者だと自覚し、受け入れているが、それでもまだ自分は障害のふりをしているニセモノで、ペテン師だという感覚がある。これは合理的な感情ではないが（インポスター症候群に合理的なものなどあるだろうか）強力で、障害差別に対して自分が過剰反応しているように感じられるのもこのせいである。本当はＡＳＤではないのだから、動揺すべきではないと思ってしまうのだ。

私がここでこんなことを書くのは、おもに同じように感じているかもしれないＡＳＤ仲間と連帯するためだ。ＡＳＤは外見からはわかりづらい障害として知られており、私たちの困難や苦労が障害として分類するに足ると認められるのは難しいかもしれない。しかしそのことはいったん横に置いておくとしても、これまで述べてきた何百ものアクセシビリティの問題を超えて、ＡＳＤ者が直面する明確な障害差別の例をいくつか探ってみなければならない。

まず、言葉の使い方について考えてみよう。私たちが自分たちを表現するために使う言葉の問題は、ささいなことのように思えるかもしれない。そしてこれから紹介する例は、ほかのマイノリティ集団のなかにある言葉の問題に比べれば、いくぶん無害なものである。しかしそれは、可能な限り反撃すべき幅広い問題、より広範囲な社会病理を示している。お気づきかもしれないが、本書を通じて、私は自分と同じ脳タイプの人たちのことを「ＡＳＤを抱えている人（people with autism）」ではなく、「ＡＳＤ者（autistic people）」と呼んでいる。これはきわめて意識的な選択である。「ＡＳＤを抱えている人」と呼ぶと、ＡＳＤがまるで、私たちが背負っている荷物のように聞こえるからだ。首に巻かれてお荷物になるアホウドリのように〔英国詩人コールリッジの作品「老水夫の歌」に、アホウドリを射殺した水夫が罰としてその遺骸を首にかけられるくだりがある。ここから、アホウドリは呪いのような精神的負担の象徴とされる〕。私たちの多くは、これが正確な表現だと感じられない。一方で、「ＡＳＤ者」という表現は、私たちのＡＳＤ要素が前面に出ている。**ＡＳＤを私たちという存在の重要な一部として強調し、それは恥じることではないと表明するものだ。**

私がＡＳＤ者という表現を使うのはそれだけではない。これは、誰かが話を聞いているかどうかを判断する非常に便利な手段でもある。ＡＳＤ者は、人に話を聞いてもらえないことに慣れている。自分の興味について話しても無視され、自分について説明しても無視され、労力を費やして普通と違う脳タイプの人たちも同じ地球に生きているとみんなに理解してもらおうとして無視される。また、ＡＳＤではない人が自信たっぷりに「ああ、「ＡＳＤ者」って言っちゃダメ。『ＡＳＤを抱えている人（person with autism）』って言わなきゃ」とネット上の会話に口をはさんでいるのを見かける。これは、大多数のＡＳＤ者（最終的な集計では回答者の80％以上だったと思う）がパーソン・ファースト・ランゲージ［「disabled person（障害者）」を「person with disabilities（障害を抱えている人）」と言い換えるように、障害ではなく人（Person や People）を先にする言い回し］の表現を拒否しているという事実に、明らかに耳を傾けていないことの端的な表れである。残念ながら、こういうことは非常に多い。私たちはこれを、性差別に基づく「マンスプレイニング」ならぬ、障害差別（ableism）に基づく「エイブルスプレイニング」と呼んでいる。理由は明らかだろう。

声を聞き入れてもらえないことでひどく傷つく理由のひとつは、私たちが世界から何の援助も受けていないからだ。ここ10年ほど、広く理解され、受け入れられ、評価されるための活動として、私たちはメディアを通じて質の低いＡＳＤの描写が果てしなく拡散され続けることに、一貫して抗わなければならなかった。

これはきわめて重要なことだ。**映画やテレビといったメディア作品において、自分の集団が正確かつ肯定的に表現されることは、マイノリティ当事者とそのコミュニティ全体に多大な影響を与える**。その一例として私が大変うれしく思っているのが、レゴがミニフィギュア（レゴセットについてくる小さな人形）であらゆる人を表現できるよう、キャラクターの幅を広げ続けていることだ。たとえば、今年初めて義足のミニフィギュアが登場したし、数年前から車椅子のミニフィギュアも登場している。これらは障害をポジティブに見せる優れた表現であり、自信を高め、世間の認識を向上させるうえで大いに役立つものである。

ところがメディアにおけるＡＳＤ者の表現を探そうとすると、程度の差こそあれ、質の悪い不愉快なステレオタイプしか出てこない。すばらしいテレビドラマ『Everything's Gonna Be Okay』や、エル・マクニコル〔邦訳に『魔女だったかもしれないわたし』（櫛田理絵訳、ＰＨＰ研究所）がある〕やホリー・スメイルらの物語（どちらも作者自身が発達障害であることが、キャラクター描写に大きなプラスになっている）といった注目すべき少数の例外を除けば、『レインマン』のパロディのような古くて受け入れがたいＡＳＤのキャラクターを見せられる。

ここ数年だと、ミュージシャンのシーアの映画『ライフ・ウィズ・ミュージック』がその典型である。この映画ではＡＳＤではない人がＡＳＤの役を演じているが、このことを心から侮辱的だと感じるＡＳＤ者は世界中に膨大にいる。ＡＳＤでない人がＡＳＤの役を演じたり、ＡＳＤでない人がＡＳＤの人についての脚本を書いたりするのを目にするのは、心がきしむ。少し立ち止まって頭をすっきりさせて考えてみれば、まったく受け入れがたいことである。メディアの世界に進出しようとしているＡＳＤの作家や俳優は大勢いる。**しかし彼らの場所はほぼ必ず、ＡＳＤの甥がいるというだけでＡＳＤについての映画を作りはじめられると信じている人たちに奪われてしまう。**ＡＳＤがスクリーンで正確に表現されるようになれば、それを見た当事者は大きな恩恵を受けるだろう。自信を失いがちで、自分たちは「内輪」の一員ではないと感じている人びとに大きな励みを与え、同時にＡＳＤ者が世界をどう体験しているかを一般の人びとに伝えることができる。しかし悲しいことに、それはまだかなり先の話になりそうである。

そして信じられないかもしれないが、問題はメディア表象にとどまらない。英国でも米国でもかなりの驚愕を引き起こしている進行中の問題が、**表向きはＡＳＤ者（あるいは少なくともその親たち）を支援するために設立された慈善団体や組織において、その指導者層のどこにもＡＳＤ者がいないという事実**である。メディアにおけるＡＳＤ表象の欠如は避けられる問題だが、私たちを支援するために存在する慈善団体にＡＳＤの代表者がいないことは、純然たる災難である。なにしろ言い訳のしようがない。私がその仕事にひどく不向きなのは認めるが、これらの慈善団体にすばらしい見識をもたらすだけでなく、健全に運営できるＡＳＤ者は、何百人、何千人といるはずだ。この点に関しては、ポジティブな話もいくつかある。アイルランドのASD慈善団体「AsIAm Ireland」のCEOはASDだ。英国の慈善団体の中にも、少なくとも事態を改善しようとしているところはある。しかし、ASD者がいかに見過ごされ、無視されているかを示す象徴として、これ以上強力なものはない。そしてムカつく。ムカつくに決まってるじゃないか。私はASDであり、これは筋の通っていない話なんだから。

定型の世界におけるアドボカシー

私は5年ほど前から、ネットでASDの「アドボケイト［社会的弱者の思いを代表・代弁し、その権利の擁護を社会に対して主張していくことをアドボカシーという。アドボケイトはそれをする人のこと］」をしている。私がこんなことを始めたのも、ほぼ偶然である（お気づきかもしれないが、私の人生はあらゆる面でそうである）。ASDである自分自身の経験についてツイッター（現X）に長いスレッドを書いたところ、えらく評判になった。結果、私はここで文章を書いている。診断以来ASDについて学んできたことすべてを、本にまとめることになったのだ。もっとも、私の知識と経験にはおのずと限界がある。このことを認め、ASDについてもっと広く知りたい読者が次に進むべき道を示すことで、本書を終えたいと思う。

ＡＳＤはどのような層にも平等にもたらされる。考えうる地球上のすべての層にＡＳＤ者がいるが、**知名度の高いＡＳＤアドボケイトの大半は、あらゆる属性を公平に代表しているとは言えない**。ほかのほとんどの場と同じように、ＡＳＤのコミュニティは、白人、話せる人、シスジェンダー、西洋人の声で占められている。多くは中流階級だ（それだけしかいないということはないが）。言うまでもなく私自身も、この層に当てはまる。そのため私は、あることを読者に勧めなければならない。本書を出発点にしてもらいたいということだ。

世界中のＡＳＤ者が各人にふさわしい公平で妥当な扱いを受ける社会にしたいのであれば、体験談を聞いてもらい、理解される機会があらゆる属性のＡＳＤ者に開かれていることが不可欠である。そのためには、ＡＳＤ集団の中に存在する、より周縁化された属性の声や文章を人びとに知ってもらう必要がある。というのも、ＡＳＤがどのように現れ、生活に影響を及ぼすかについて、マイノリティ属性が与える影響はきわめて大きいからだ。

ＡＳＤコミュニティの中で、私が人びとの関心を高めたいと思う重要な属性のひとつが、発語のないＡＳＤ者である。何年もの間、私たちは、話し言葉で意思疎通しないＡＳＤ者を「無発語（non-verbal）」と呼んできたが、この言葉がいかに役に立たない、不正確なものであるかは明らかだ。「無発語」という言葉は、あらゆる種類の言語使用の欠如、つまり感情や考えを言葉に置き換えて伝えることがまったくできないことを示唆しているが、これは発語のない多くのASD者の実態からかけ離れている。**発語のないASD者の大部分は、心の内では十分に言葉を用いている。**ほかの人と同じように豊かな内面的思考や意見を持っているのだが、むしろんこれらの思考や意見を外界に伝えることはできない。その結果、彼らの能力や生活について不正確な思い込みが生まれ、その思い込みは揺るぎがたいものとなり、やがてはステレオタイプや偏見へと変化していく。

発語のないASD当事者によるアドボカシーの世界に足を踏み入れると、こうした思い込みのすべてがいかに間違っているかに気づく。東田直樹『自閉症の僕が跳びはねる理由』に記されている驚くべき洞察、ハリ・スリニヴァサンなど発語のない人たちのすばらしいブログ、エリザベス・ボンカーのスピーチ［米フロリダ州のロリンズ・カレッジの2022年卒業式で、卒業生代表のスピーチを音声合成コンピューターで行った］。現代はこういった、発語のないASD者としてこの世界を生きるとはどういうことかを教えてくれる情報源が豊富にある。AAC（拡大・代替コミュニケーション）のような技術をはじめ、自分の言葉を記録できるさまざまな手段を用いることで、発語のない人たちもASDに関する議論やアドボカシー全般に多大な貢献をしている。だが彼らの言葉は、話せるASD者の言葉ほど広く共有されているとは言えない。そのため、私たちの世界を理解しようとするASDではない人には見過ごされがちだ。ありがたいことに、インターネットという文字主体のメディアのおかげで、発語があろうがなかろうが、すべてのASD者の声を聴衆に届けることができる。聴衆がその存在を認識している限り。

ここで忘れてはならないのが、発語がないということ自体もスペクトラムであるということだ。完全に発語がなく、あらゆる状況において意思疎通のために技術もしくは人による支援を利用する人もいれば、状況やストレスレベル次第で話したり話さなかったりする人もいる。ほぼすべてのASD者は、シャットダウン時などに少しの間話せなくなるという経験があるだろう。私はストレスレベルが一定のポイントに達すると、自分の声が道具としてただたどしく、頼りないものとなる。話の焦点が定まらず、語彙や文法が失われてゆく。ASDのコミュニティでは、絶対に話し言葉が使えるという保証はない。**だが、その結果として見落とされるなどということがあってはならない。**

私は当事者として語れる立場にないが、ASDと他のマイノリティ属性との交差（インターセクショナリティ）に関してもさまざまな問題がある。黒人のASDコミュニティ、特に米国のそれは、黒人のASD者特有の困難に対する認識と理解を高めるため、懸命に取り組んでいる。私が常に注目している課題のひとつは、黒人ＡＳＤ者におけるマスキングの有用性の高さである。**白人ＡＳＤ者は（状況が許せば）自由に仮面を外せるが、黒人ＡＳＤ者は白人のように仮面を外すことができない。**行動を人種差別的に解釈される脅威が加わるためだ。白人の自己刺激行動が定型発達の人びとからひどく悪く解釈されることがあるとすれば、黒人のＡＳＤ者の自己刺激行動は不機嫌のあらわれとしてさらに誤って解釈され、１０００倍悪い結果がもたらされる可能性がある。

私はある時、まさにこのテーマについて教えを受けたことがある。それはＡＳＤ者たちに、健康のためにも可能な限り仮面を外す機会を持つよう呼びかけたときのことだった。たくさんのアカウントから、黒人ＡＳＤ者の大半にとってそれは危険なことなのだと釘を刺された。それで私は、**置かれた状況の違いを見てアドボカシーを変化させるべき領域が膨大にある**のだと目を開かされたのである。しかし先ほども言ったように、これは私が語るべき話ではない。ネットで当事者のコミュニティを見つけて、耳を傾けてほしい。

ＡＳＤとトランスジェンダーのコミュニティには、大きく重なるところがある。まだ研究が始まったばかりなので、その理由を述べるのは時期尚早だ。しかし私自身の意見は、ＡＳＤ者が社会の既成のルールに縛られずに自分に合ったものを選ぶようになった結果であり、神経学的に多数派である人びとからの期待を意に介さなくなったためであるという考えに傾いている。こうした重なりによって、より多くのＡＳＤ者が自分がトランスだと受け入れられるようになり、この問題を否定することなく前進できるようになるだろうと確信している。とはいえ、トランスの権利が激しい攻撃にさらされている現在、特に本稿執筆時点の英国で目にするのは、トランスの懸念や権利の信頼性を傷つけようとする人びとによって、ＡＳＤとトランスのコミュニティの重なりが攻撃材料として使われているところだ。いかに「脆弱な」ＡＳＤ者がトランス・コミュニティの「ターゲットにされ」、自分の意思に反して強制的にトランスにさせられているかという話を、私は何度も読んだ。

ＡＳＤ者にはさまざまな側面があるかもしれない。だがそのような邪悪な陰謀（仮に存在するとしたら、の話である。私は存在しないと確信している）に対して脆弱であることは、ＡＳＤの側面のひとつではない。私たちの多くは、自分自身の行動を何時間もかけて分析し、物事を詳細に調べ、そうしてようやく自分が実際にＡＳＤであるという判断に絶対的な確信を得るにいたったのである。その結論は、たいていは公的な診断によって証明されていると思われる。したがって、私たちが自分のジェンダーやセクシュアリティについて同じように決断を下す能力を持っているのも当然のことなのである。

私たちのために作られた世界

マイノリティ属性とＡＳＤとをあわせもつ人びとの話は、すべて平等に耳を傾けるに値する。属性が何であれ、すべてのＡＳＤ者が自分のために作られた世界で最高の人生を送ることができるように。究極的にはそれこそが、到達すべき目標なのだから。ＡＳＤ者にとって、この世界は敵対的で恐ろしい場所だ。その原因はたくさんあって、本書のようなまあまあなサイズの本でさえ、上っ面をなでる程度にしか触れられない。この状況が続く限り、あらゆる背景や人生経験を持つＡＳＤ者が苦しむことになる。彼らは平均寿命の低さ、生涯所得の低さ、機会の少なさ、家庭を築く可能性の低さ、自分に合った生活を送ることの難しさ、路上での安全性の低さ、学校、職場、公共交通機関、世界中のあらゆる町、都市、国における対策の少なさに苦しむだろう。このような状態が続くことはあってはならない。

もし私たちが多数派の定型発達者と少数派のＡＳＤ者との間に真の公平を見いだそうとするならば、状況は変わらなければならない。現状維持では意味がない。それでは人口のかなりの部分を占める人びとがメルトダウンし、燃え尽き、早死にしてしまう。20人に1人がＡＳＤ者であり、5人に1人が何らかのニューロダイバージェントである可能性があることを忘れてはならない。かたくなに方向転換を拒めば、これら多くの人びとを悲惨な状態に追いやることになる。英国だけでも、それぞれに希望や夢、生活、人間関係を持っている少なくとも３００万人以上の人びとが、敵対的な世界で暮らす重圧に苦しんでいる。それはたやすく、友好的な世界に変えられるというのに。

誰もがＡＳＤのなんたるかを理解し、脳タイプの一種としてのＡＳＤが、内向的な人と外向的な人の違いと同じようなものとして解され、気軽に議論されるようになってもらいたい。ＡＳＤの本当に基本的な要素をみんなに知ってもらい、古いステレオタイプを壊せる世界は手の届くところにある。私のようなＡＳＤ者は、本書の情報を読者の皆さんとわかちあいたくてしかたがない。情報が共有されることで、自分のみならず子どもや孫たちのためにも、事態が改善されることを望んでいるからだ。本書の情報がメディアで取り上げられるようになり、本や映画、テレビ番組やドラマにＡＳＤのキャラクターが普通に登場するようになってほしい。そしてそれらを、実際のＡＳＤ者が演じたり執筆したりしてほしい。学校や職場における障害のタブーに風穴を開け、祝福されるべき一つの差異としてＡＳＤを扱い、オープンに語れるようにするのだ。

「握手しなくてもいいですか？　ほら、私はＡＳＤなんで」人びとがこう言って、認められ、対等に扱われる世界を想像してほしい。ＡＳＤの子どもがニーズを完全に理解してもらい、変わり者として扱われない学校で安心して過ごせる世界。ＡＳＤの高齢者が、24時間介護が必要な場合でもＡＳＤの行動を気味悪がったり警戒したりせず正常なものと認識してくれる理解ある人びとに適切にサポートされると知って、安心して退職できる世界。

それはとても簡単なことだと感じる。情報はそこにあるのだから。それを読み、耳を傾ける人が必要なだけなのだ。皆さんと地球で共に暮らす1～10％の私たちが、今になってようやく皆さんに求めたいのは、こんなことだ。私たちを皆さんの世界に受け入れて、この定型発達の世界を定型《アンティピカル》ばかりじゃない世界にしてほしい。定型《アンティピカル》ばかりじゃない世界はきっと、本当の意味であらゆる人のために作られた世界になるだろう。

付録

本書を読んで、ＡＳＤ者の体験全般についてもっと知りたいと思った人には、多くの優れた情報源がある。まず、最も身近な情報源はソーシャルメディアである。そこでは何千、何万というＡＳＤ者が、自分たちの存在を世界に伝えようとしている。ハッシュタグや検索ワードを注意深く使えば、あらゆる層のＡＳＤコミュニティを見つけることができる。

ツイッター（現X）、フェイスブック、インスタグラムのほかにも（TikTokもあるが、実態を知らないので知ったかぶりはやめておこう）、ＡＳＤ当事者からのさらに詳しい情報を得ることができるサイトが数多くある。私がお勧めできるのは、Neuroclastic.comである。ＡＳＤ者が運営するニュースサイトであり、世界中のＡＳＤ者の優れた文章を集めている。もう一つの優れた入門サイトは、アメリカのAutastic.comである、ここはＡＳＤの黒人、先住民、有色人種の問題や経験を知るのに優れた入り口となる。

ウェブ以外でも、ＡＳＤの書き手による本は毎年たくさん出版されている。良書を探すカギとなるのは、当事者が書いたＡＳＤに関する本に注目することである。長年、文学（フィクションもノンフィクションも）におけるＡＳＤ者の表象は、定型発達者によるものしかなかった。現在はＡＳＤのあらゆる側面について書くＡＳＤの書き手が何百人といる。さあ、飛び込んで引き続き理解を深めよう。

謝辞

この場を借りて、本書の完成に協力してくれたすべての人に感謝したい。まず、ハーパーコリンズの編集者であるアンナ・ムロヴィエックに。やりくりに苦労しているただの駆け出しの作家にチャンスを与えてくれてありがとう。最初にこの本を書いて売り込む際に貴重なアドバイスとサポートをしてくれたエージェントのジェイムズ・スパックマンにも感謝する。また、私の仕事に助言と信頼を寄せてくれた友人たちに感謝したい。特にいつも容赦なく親切で鉄道レイアウトの写真をシャワーのように浴びせてくれたニアル・バスビーと、本を書くことに伴う日々の苦難と不安を乗り越える手助けをしてくれたサラ・ギブスに感謝する。

執筆初日から協力してくれ、繰り返される愚痴に付き合ってくれたツイッター（現X）のASDコミュニティの友人たちにも感謝している。特に、各章にすばらしいディテールや逸話を提供してくれた人びとに感謝を述べたい。ファーガス・マリーにはモノトロピズムという概念について、ヘイゼル（@AnLasair）には電話について、テレサ・B（@Trees_in_Winter）には学校のグループワークについて、チャーリー（@Charlie28352975）には病院の予約について、そしてサミュエル・ラムズデン（@gwyrdhanmor）には腕時計のベルトへの愛について語ってもらった。

個別の感謝に加え、ニューロダイバージェントに関するテーマについて常に洞察に富み、非常に価値ある提言をしてくれた以下の皆さんに感謝しなければならない。アン・メンモット、キーラン・ローズ、エイミー・ピアソン博士、ルーク・ビアドン、ジョージア・パブロプル博士、エミリー・バーク、ローレン・エルゼイ、エマ・ダルメイン、パイヴィ・ブッチャー、リアム・オデル、ダミアン・ミルトン博士、サラ・ギブス（再び）、ジョアン・リンバーグ、ホリー・スメイル、リア・パーソン、エラ・タブ、パスティッシュ・グラハム、エリック・ガルシア、ロバート・チャップマン、モニク・ボタ、スティーブ・シルバーマン、ほかたくさん。

最後に、僕のくだらない話に付き合ってくれたパートナー、そして両親と妹に感謝したい。

著者・訳者紹介

著　ピート・ワームビー　Pete Wharmby

元英語教師。２０１７年にＡＳＤと診断され、それ以降ＡＳＤのアドヴォカシーに身を投じている。Twitter（現X）での発信をはじめ、Youtubeチャンネルやブログも運営し、ＡＳＤについて社会の側の理解を深めるべく活動している。

訳　堀越英美　ほりこし ひでみ

文筆家。早稲田大学第一文学部卒業。著書に『親切で世界を救えるか ぼんやり者のケア・カルチャー入門』（太田出版、２０２３）、『エモい古語辞典』（朝日出版社、２０２２）、訳書に『自閉スペクトラム症の人たちが生きる新しい世界 Unmasking Autism』（翔泳社、２０２４）『自閉スペクトラム症の女の子が出会う世界 幼児期から老年期まで』（河出書房新社、２０２１）ほか。

UNTYPICAL: How the World Isn't Built for Autistic People
and What We Should All Do About it
by Pete Wharmby

世界は私たちのために作られていない

2024(令和6)年12月7日　初版第1刷発行

著　者　ピート・ワームビー
訳　者　堀越 英美
発行者　錦織 圭之介
発行所　株式会社東洋館出版社
〒101-0054　東京都千代田区神田錦町 2-9-1
コンフォール安田ビル 2F
代　表　TEL：03-6778-4343
FAX：03-5281-8091
営業部　TEL：03-6778-7278
FAX：03-5281-8092
振　替　00180-7-96823
U R L　https://toyokanbooks.com/

組版・印刷・製本：
藤原印刷株式会社
装　画　小林 マキ
装　丁　佐藤亜沙美

ISBN 978-4-491-05624-1／Printed in Japan